*l*ibretto

SYLVIE WEIL

CHEZ LES WEIL

André et Simone

Préface de
MICHÈLE AUDIN

ISBN : 978-2-7529-0872-8

Née aux États-Unis après que sa famille a fui les persécutions contre les juifs durant la Seconde Guerre mondiale, fille du célèbre mathématicien André Weil et nièce de la philosophe Simone Weil, Sylvie Weil a été agrégée de lettres à l'âge de vingt-deux ans avant d'enseigner la littérature française dans plusieurs universités américaines. Elle vit aujourd'hui entre Paris et New York et a déjà publié de nombreux romans et nouvelles.

Puisque vous avez ouvert le livre et lisez cette préface, vous savez que l'auteur s'appelle Sylvie Weil et le livre *Chez les Weil*. Vous connaissez sans doute le nom de Simone Weil et peut-être celui d'André Weil. L'affaire est claire : Sylvie va nous dire comment c'était, ce fut, c'est peut-être encore, de vivre avec André et Simone.

Car ils étaient deux, André et Simone, le frère et la sœur. Simone Weil, la philosophe, et André Weil, le mathématicien, un génie bicéphale, dit Sylvie Weil. Deux surtout, mais pas seulement : *Chez les Weil*, c'est aussi chez les grands-parents, chez les ancêtres, chez les Reinherz, et chez les Barasch : oui, Sylvie a trouvé, assez loin dans l'arbre généalogique de Simone, le savant hébraïste peu doué pour le commerce que la tradition juive lui imposait (dit-elle) d'y chercher.

Sylvie, fille d'André, est née à peu près au moment où mourait Simone. Sa ressemblance avec sa tante, avec les photographies de Simone, est flagrante. Double de la tante morte si jeune, voilà qui n'était déjà pas simple, surtout quand on est en partie élevée par les grands-parents, fous de douleur d'avoir perdu leur fille. Être la nièce de Simone, de Simone Weil morte, de Simone Weil la sainte, qui s'était laissée mourir de faim, ce ne fut donc pas très facile.

Mais être la fille d'André, d'André Weil vivant, ce fut aussi quelque chose. André Weil ? Imaginez un garçon de seize ans, entrant, en 1922, à l'École normale supérieure, fort en maths et d'ailleurs fort en tout (en particulier en sanscrit), rapidement devenu un des grands mathématiciens du XXe siècle, et en particulier un des fondateurs de «Nicolas Bourbaki», ce groupe qui transforma profondément la façon de penser et d'écrire les mathématiques – André Weil était l'âme de Bourbaki. Pour les mathématiciens d'aujourd'hui, André Weil est une légende. Pas seulement à cause de Bourbaki, pas seulement à cause des théorèmes qu'il a démontrés, des livres qu'il a écrits, des conjectures qu'il a laissées à ses suivants, mais aussi à cause des aspects, disons, romanesques (je suis certaine qu'il aurait désapprouvé ce qualificatif[1]) de sa biographie, et des souvenirs que sa personnalité a laissés dans la communauté mathématique.

André Weil est devenu mathématicien juste après la Première Guerre mondiale. Comme ceux de sa génération, il avait une conscience aiguë de ce que cette guerre, qui avait tué tant de jeunes scientifiques, avait coûté aux mathématiques françaises. Il savait qu'il était mathématicien et pas militaire, il décida donc de ne pas porter les armes pendant la guerre qui s'annonçait. Parti en mission au printemps, il se trouvait en Finlande en septembre 1939, y resta... et y fut arrêté, soupçonné d'être un espion russe. Il passa par diverses prisons nordiques avant d'être renvoyé en France. Au début de 1940, il se retrouva donc dans une prison de Rouen[2]. C'est là, la prison s'appelait Bonne-Nouvelle, qu'il mit au point

---

1. Même si je ne l'ai jamais rencontré, je commence à bien le connaître : j'ai publié sa correspondance avec son ami Henri Cartan, un livre de 750 pages, *Correspondance entre Henri Cartan et André Weil 1928-1991*, Documents mathématiques, Société mathématique de France, 2011.

2. Il a lui-même raconté cette histoire dans un livre intitulé *Souvenirs d'apprentissage*, Birkhäuser, 1991. Un livre passionnant et fort bien écrit quoique assez provocateur : le chapitre consacré à la guerre s'intitule «La guerre et moi (ballet-bouffe)».

un immense et extraordinaire programme de travail grâce auquel il put résoudre une version d'un célèbre problème de Riemann et imaginer bien d'autres théorèmes.

Ici je fais une pause dans mon histoire et reviens au livre. Sylvie Weil n'est pas allée rendre visite à son père en prison : en 1940, elle n'était pas née ! Pourtant le portrait de la famille Weil allant voir le fils, frère et mari insoumis, qu'elle dresse à partir d'un morceau de papier retrouvé, est un des moments forts de son livre.

André Weil fut jugé pour insoumission en mai 1940, il choisit de rejoindre une unité combattante, puis fut démobilisé après l'armistice de juin. Début 1941, menacé par les décrets antisémites de Vichy, il réussit à quitter la France avec sa femme et à gagner les États-Unis. Il me reste à signaler que, dans l'ambiance qui régnait en France après la guerre, il lui fut impossible, à lui, le «déserteur», de retrouver un poste. Sa carrière se déroula donc, après deux ans au Brésil, aux États-Unis.

Toute une histoire… Attirés par le nom de Weil et sa personnalité hors normes, beaucoup de mes collègues mathématiciens ont lu *Chez les Weil* lors de sa parution chez Buchet/Chastel en pensant y trouver une biographie du légendaire grand homme. Il n'en est rien. Ce livre n'est pas une biographie (ni a fortiori deux biographies). Ce n'est pas non plus un livre de souvenirs pieusement recueillis et regroupés. Sylvie Weil n'est ni mathématicienne ni philosophe, elle est écrivain.

Ce que vous allez lire, c'est son histoire à elle, ses promenades avec son père, jeune et grand, à São Paulo, à Paris ou à Chicago, avec son père, vieux et moins grand, à Kyoto, où elle l'accompagna pour recevoir le prix Kyoto (justement), mais aussi bien d'autres choses, la place du sucrier chez les Weil et les «visites» que Simone rend à Sylvie à l'hôpital, par exemple. Ni Simone ni André n'étaient vraiment faits pour le monde dans lequel nous vivons, nous, mais c'est avec eux que Sylvie Weil a réussi à faire sa place dans ce monde réel…

Il y a une formule mathématique dans son livre (une seule), celle définissant la fonction *zêta* de Riemann, qu'André Weil avait recopiée pour elle. J'ai évoqué plus haut les souvenirs que sa personnalité avait laissés dans la communauté mathématique. Brutalement, le négatif, en trois mots : arrogance, ironie et provocation. Je ne doute pas que, quand vous aurez lu *Chez les Weil*, vous aurez affiné cette brutalité et développé de l'empathie pour ce mathématicien. Mais, puisque j'ai écrit le mot « arrogance », je vais écrire aussi le mot « humilité » : parce qu'il y a de l'humilité à recopier ceci, la fonction *zêta*, que nous comprenons si mal, disait André Weil, qui fut peut-être celui qui la comprit le mieux, parce que nous n'avons pas assez travaillé en théorie des nombres. Toute une vie pour les mathématiques… si vous saviez comme André Weil s'ennuie, depuis qu'il est mort.

Mais j'en ai déjà trop dit. C'est le livre qu'il faut lire, pas la préface.

MICHÈLE AUDIN
mathématicienne
Août 2012

Pour Eric

PROLOGUE

Il m'est arrivé plus d'une fois de renier Simone. J'avais honte de cette parenté, comme d'une tare. Certains trouveront cela choquant, ou très bête. Mais c'est ainsi.

Un exemple : mon premier déjeuner à Brooklyn, dans ma nouvelle belle-famille. J'ai déjà rencontré ceux qui sont à présent mes beaux-parents, mais c'est aujourd'hui que je fais la connaissance de ma belle-sœur, de son mari, et de deux cousines fort curieuses de voir la tête de la Française que leur cousin Eric a épousée voilà déjà deux mois, dans une annexe plutôt minable de la mairie du Bronx, sans prévenir personne. Le cousin Eric, qui ne fait jamais rien comme tout le monde, a quand même fini par annoncer notre mariage à ses parents, par téléphone, il y a trois jours. La nouvelle n'a pas été accueillie avec enthousiasme par sa mère. Elle lui a demandé d'épeler mon nom. Ouf, déjà le nom passe. Mais je suis européenne, divorcée, j'ai un enfant. Elle espérait mieux, quelqu'un de plus reluisant, pour son unique fils, et elle ne le cache pas. Le fait que mon père est André Weil, «un très grand mathématicien et même l'un des plus grands», ainsi que le lui a expliqué Eric, ne l'impressionne pas.

– *So ?* Toi aussi, tu étais un brillant mathématicien, avant de faire médecine, rétorque-t-elle.

La question m'est posée, dès le début du repas, par le beau-frère :

– Weil ? Tu n'es pas parente de la philosophe, celle qui est devenue catholique ?

Les deux cousines dressent l'oreille et, intéressées, me regardent. L'une d'elles ajoute :

– Et antisémite. Pendant la guerre, en plus, alors qu'on massacrait les juifs. Dans un de mes cours, à la fac, on a parlé d'elle. Une honte.

– Alors, vous êtes parentes ? demande l'autre cousine.

Et moi, mollement, lâchement :

– Euh, non, enfin peut-être très vaguement parentes.

Mon beau-père demande de qui on parle. Sa fille lui répond :

– Simone Weil, une philosophe française, une grande mystique, paraît-il. J'ai un collègue catholique qui l'admire énormément.

Mais la cousine refuse de lâcher du terrain.

– Bien sûr que les catholiques l'admirent. Elle ne voulait pas être juive. Elle détestait les juifs.

Je regarde mon assiette, j'attends qu'ils aient tous dit ce qu'ils ont à dire, puis je gratifie ma nouvelle famille d'un large sourire. Je vais noyer le poisson Simone par un flot de paroles :

– Je suis peut-être parente de Marcel Proust, sa mère était une Weil, vous savez, Jeanne Weil. Il y a beaucoup de Weil. C'est le nom juif alsacien le plus répandu, je crois que ce sont des Lévi transformés en Weil à l'époque de Napoléon. Remarquez que ma famille épelait son nom Weill, avec deux *l*, jusqu'en 1918, c'était l'orthographe alsacienne. Mais juste après la guerre de 1914, il y a eu une erreur dans les papiers civils de mon grand-père…

Sauvée. On a oublié Simone. De toute façon, mes beaux-parents n'ont jamais entendu parler d'elle et ça ne les intéresse pas. Ma belle-sœur reviendra à la charge quelques années plus tard, après avoir vu une photo de ma tante sur la couverture d'un de ses livres. Elle me dira : « Ce n'est pas possible que vous ne soyez pas parentes. » Mais cela n'aura plus aucune importance.

Ma belle-mère restera toujours convaincue que son fils est bien plus fort en maths que mon père. Rien, jamais, ne la fera démordre de cette opinion. Ça, c'est une mère !

Platon ou Diophante ?

À Paris, dans les années soixante, une toute nouvelle agrégée de lettres classiques, âgée de vingt-deux ans, sonne à la porte de l'un des grands professeurs de grec à la Sorbonne, qu'elle admire follement et avec qui elle espère commencer une thèse. La jeune agrégée est passionnée de grec, et elle a été assurée par son professeur de thème, un vieux de la vieille, et qui ne fait pas de cadeaux, qu'elle écrit «comme Démosthène». Elle aime l'histoire et la poésie.

Elle n'est pas spécialement impressionnée par le superbe appartement donnant sur les jardins du Luxembourg. Sa famille en possède un, non loin de là, du même genre en décrépi, sans dorures ni moulures, et presque dépourvu de meubles, mais dont le moindre recoin est hanté par le fantôme d'une jeune morte, une autre jeune agrégée, à qui elle-même ressemble. Elle est seulement préoccupée de bien choisir ses mots pour expliquer au professeur à qui elle rend ainsi visite, par un bel après-midi d'été, que c'est son cours qui lui a inspiré le désir de devenir, à son tour, pourquoi pas, helléniste !

Le professeur la reçoit très aimablement, lui tend la main, la prie de s'asseoir, prend lui-même place dans un fauteuil assez rapproché, observe la jeune agrégée un court moment et, tout de go, lance : «Alors, ce sera Platon comme votre tante, ou Diophante comme votre papa ?»

Je ne me souviens pas du reste de la conversation qui sans doute fut très brève. Je dus balbutier que je n'étais ni philosophe ni mathématicienne. Le grand professeur dut me trouver idiote et plaindre *in petto* mes illustres parents de la médiocrité de leur descendante. Quant à moi, j'étais trop jeune et trop intimidée, ou peut-être surtout trop fière, pour lui avouer que sa question m'avait paralysée, réduite à néant. Je le quittai au plus vite, gelée, et la lourde porte du magnifique immeuble se referma sur mes ambitions d'helléniste. Le grand professeur s'aperçut-il même du départ de l'être sans consistance, mou et transparent, que ses paroles avaient créé ?

Le soleil du jardin anglais me rendit ma chair, et le sentiment d'une existence physique palpable et même agréable. Il me restait au moins ça.

Coup de fil

On a bien tort de penser que les morts sont partis pour de bon et ne reviennent jamais parler aux vivants. Revenir parler aux vivants, ils ne font que ça, c'est même leur principale activité. Mon père, par exemple, me téléphone assez souvent. Cela se passe toujours de la même manière : je suis à table, entourée de plusieurs personnes, ou encore dans un grand salon, durant une réception. J'entends, au loin, la sonnerie d'un téléphone. Quelqu'un va décrocher, tantôt un membre de ma famille, tantôt un inconnu, peut-être un domestique, puis la personne reparaît et crie très fort que l'on me demande au téléphone.

Je reconnais immédiatement la voix, cela va sans dire. Sa façon de prononcer mon nom avec l'accent mis sur la deuxième syllabe, syllabe qu'il étire, qu'il étire comme une corde élastique qui doit à son tour me tirer, m'amener vers lui. Je réponds : « Oui, André, oui, c'est moi. » Émue, il faut bien le dire. « Sors-moi de là. Je m'emmerde », dit mon père, que nous avons toujours appelé André, je le précise tout de suite, il ne voulait pas qu'on l'appelle papa.

Même dans l'urgence, André ne parle jamais vite, et là, son ton geignard, mi-autoritaire, mi-suppliant, m'attriste et m'agace tout à la fois.

Mais déjà il a raccroché. Avant que j'aie eu le temps de lui demander s'il ne pouvait pas me fournir quelques détails sur sa situation, me donner des nouvelles de ma mère et de mes grands-parents, ou me dire s'il passe des moments agréables, malgré tout, avec le compagnon d'étude choisi à son intention pour l'éternité, comme le veut une ancienne tradition juive.

J'aimerais pourtant savoir si ce compagnon est bien Euler, comme je l'ai supposé au moment de sa mort : il me semblait, en effet, que seul Euler était digne d'être le compagnon d'étude du grand mathématicien qu'avait été mon père, afin que celui-ci ne s'emmerde pas, justement. André pouvait à nouveau faire des maths, à présent, il n'était plus trop vieux ; il était seulement mort. Car, dans les dernières décennies de sa vie, il avait décidé qu'au lieu de se déprimer, comme certains de ses vieux collègues, à essayer de faire des maths avec un cerveau devenu moins souple, il allait se recycler. C'était son expression. Il s'était recyclé en historien, produisant son grand livre sur la théorie des nombres à travers l'histoire (*Number Theory. An Approach through History : From Hammurapi to Legendre*). La page de garde porte une photo d'un bas-relief de la tombe de l'empereur Taizhong (VIIe siècle) représentant un cheval et, calligraphié en vis-à-vis par le mathématicien Shiing-Shen Chern, le proverbe chinois : *Le vieux cheval connaît le chemin.*

Le vieux cheval avait déjà bien assez travaillé, et bien assez ri, avec ses propres collègues morts avant lui, les amis de toujours, ceux avec qui il avait fondé, dans la passion et la fougue de la jeunesse, et le goût du canular, le célèbre groupe Bourbaki, pseudonyme collectif, et nom du mathématicien imaginaire Nicolas Bourbaki, grand professeur en Poldévie, pays tout aussi imaginaire. Maintenant il lui fallait du nouveau, cela tombait sous le sens, et je faisais toute confiance aux autorités de l'au-delà pour en arriver à la même conclusion.

Une seule fois j'ai réussi, avant qu'il ne raccroche, à lui demander :

– Et Euler, comment va-t-il ? Il s'emmerde, lui aussi, vous vous emmerdez ensemble ? En français ? En allemand ? En russe ? Raconte-moi !

L'impatience de mon père, au bout du fil, se traduit non par un débit accéléré mais, au contraire, par une façon bien à lui de marteler ses mots.

– Tu ne te débarrasseras donc jamais de cette exécrable manie de rester des heures pendue au téléphone ?

Ensuite il ne m'a plus téléphoné pendant un certain temps, même pour m'appeler à son secours. Je ne pouvais m'en prendre qu'à moi-même. Je le connais. Je sais qu'il ne soulève son téléphone que lorsqu'il a quelque chose de précis et d'urgent à communiquer. Comme : «Tire-moi de là, je m'emmerde.»

J'aimerais, bien sûr, le tirer de là, mais il doit comprendre que c'est, très littéralement, au-dessus de mes faibles forces. De mon côté, je ne dois pas oublier que l'auteur de mes jours est quelqu'un qui s'ennuie facilement, et donc tâcher de ne pas me culpabiliser à l'excès.

Le tunnel

Ma tante est plutôt discrète, elle ne s'est manifestée à moi que deux fois. J'ai cru comprendre, au fil des ans, qu'elle est extrêmement occupée à se manifester à des tas d'autres personnes qui, de temps en temps, m'informent de ses apparitions.

Voici le récit de sa première intervention dans mon existence. J'enseignais dans une petite université du Vermont. L'air vif donnait de bonnes joues roses à mon fils, je jouais de l'orgue dans la très modeste église protestante du village où j'habitais, église comme on en voit sur les cartes postales, joli toit en ardoise, clocher peint en blanc, et je vivais une passion tragique et tendre, et passablement imbibée de vodka, avec un rescapé du goulag. Mes collègues, je l'ai su plus tard, murmuraient derrière mon dos que ma fascination masochiste pour ce personnage torturé et dostoïevskien révélait bien tout ce que j'avais en commun avec ma tante Simone.

Nous fûmes plusieurs sur le campus à être frappés, un automne, par une forme de pneumonie encore assez peu connue à l'époque. Je fus la seule hospitalisée, la seule à passer plusieurs semaines à délirer. Je ne pouvais plus communiquer en anglais et il fallut trouver une infirmière québécoise pour s'occuper de moi. Je fus la seule que l'on désespéra un moment de sauver.

J'ai peu raconté cet épisode de ma vie, car si ces phénomènes sont pris très au sérieux dans les cercles spiritualistes américains, qui ne m'attirent en aucune façon, les milieux intellectuels français auxquels, malgré tout, j'appartiens, n'y croient tout simplement pas. Cela fait assez farfelu de raconter que l'on a vu, par une nuit de fièvre, sa tante – et quelle tante! – apparaître au bout d'un long tunnel blanc.

Je suis donc encore, tant d'années plus tard, très sensible au ridicule qu'il y a à raconter que Simone Weil, oui, ma tante, m'est apparue au bout du fameux tunnel blanc. C'était une espèce d'entonnoir brumeux, mais lumineux, et je la voyais très bien, elle, tout au fond, une silhouette sombre enveloppée dans une cape, comme sur les photos. Elle m'invitait à la rejoindre, je ne sais pas exactement ce qu'elle me disait, mais ses raisons étaient séduisantes. Elle me parlait sans tendresse, pourtant, comme s'il s'agissait de résoudre un problème purement intellectuel. J'avais très peur qu'elle ne gagne sur ce terrain où sa supériorité ne laissait aucun doute, et je sentais qu'il fallait que je lutte de toutes mes forces. Cependant je n'hésitai pas, et plus tard je me suis très bien souvenue des raisons que je lui ai données pour ne pas la suivre. Ai-je tout de suite lancé mon argument choc, celui contre lequel elle ne possédait aucune arme, mon fils, mon fils de huit ans que j'aimais passionnément et qui avait besoin de moi? Je n'en suis pas certaine. Plus tard, je me suis sentie coupable de ne pas m'en être tenue à cet argument si honorable, mais de lui avoir longuement expliqué combien j'aimais le silence et le ciel rose des soirs d'hiver, et les bouleaux blancs sur la neige étincelante. Combien j'aimais vivre. Je crois même avoir poussé la franchise jusqu'à lui dire que j'aimais mon corps et les plaisirs qu'il me procurait. La nièce de Simone Weil aimait faire l'amour et n'était pas prête à y renoncer.

Le lendemain j'étais sauvée, mais probablement pas à cause de l'héroïque résistance que j'avais opposée à mon illustre tante. Puisque je suis en plein mélodrame, je n'ai rien à perdre à aller jusqu'au bout. Tandis que je discutais avec Simone dans un petit hôpital du Vermont, un ancien ami à moi, resté très proche en dépit du fait qu'il avait dû, bien malgré lui, céder la place au rescapé du goulag (j'ai toujours pensé que le «sort» que Simone affirmait m'avoir jeté en me donnant mon biberon, c'était que je compenserais, par ma joie de vivre et une certaine facilité à aimer, son propre refus acharné de la sexualité, de ce que Simone Pétrement, dans sa belle et touchante biographie de ma tante, appelle «les galanteries»…), cet ancien ami, donc, remontait Broadway, à New York, et rencontrait un copain à lui, interne en médecine. Ce dernier lui demanda pourquoi il paraissait si angoissé. Et il se trouva justement que l'avant-veille, un de ses professeurs avait parlé dans son cours de ce genre de pneumonie, récemment identifiée, ainsi que de l'antibiotique qui réussissait dans la plupart des cas. Mon ami loua immédiatement une voiture et se mit en route pour le Vermont, malgré un blizzard imminent. Un bon roman-feuilleton raconterait en détail comment il fut arrêté deux fois pour excès de vitesse, abandonna la voiture de location dans une congère, se précipita dans l'hôpital, comme un grand ours chevelu et couvert de neige, et ameuta tout ce qui se trouvait là de médecins et d'infirmières. Le feuilleton raconterait aussi que pendant ce temps-là mon ancien *zek*, que ses années de goulag avaient rendu fort pieux, organisait mon enterrement au pied d'une charmante église russe perchée dans la montagne. Il avait convaincu les moines que la nièce de Simone Weil ne déparerait pas leur minuscule cimetière, et que mon âme, sans être absolument irréprochable, ne leur ferait cependant pas honte.

Le roman décrirait aussi l'émouvante scène qui eut lieu à mon chevet… Le Russe très chrétien se jeta dans les bras du juif new-yorkais, et de sa magnifique voix de basse, restée magnifique malgré les sanglots, prononça sur un ton à la fois solennel et désespéré, comme seuls en sont capables les Russes : «Elle se meurt. Nous l'aurons tous deux aimée.»

C'était beau, mais l'héroïne de l'histoire n'était malheureusement pas assez consciente pour en profiter.

Mes parents voyageaient en Chine. Ils apprirent la nouvelle de ma maladie alors que j'étais déjà hors de danger. C'est ma mère qui s'exclama, avec émotion, qu'au moment où j'étais tombée malade, j'avais précisément, à deux mois près, l'âge qu'avait ma tante lors de sa mort. Mon père haussa les épaules.

Quant à moi, je pouvais enfin lire Simone : j'étais plus âgée qu'elle. J'ai passé ma très lente convalescence à lire ses cahiers, ses dernières lettres. Dans ce tunnel où j'avais refusé de la suivre, il me semblait m'être dépouillée de ce qui n'était pas essentiel. J'avais brûlé de fièvre, et brûlé tout ce qui n'était pas le simple sentiment de la vie, le bonheur de regarder la neige voltiger, remplir ma chambre d'une lumière laiteuse, et mon petit bonhomme de fils revenir clopin-clopant de l'école, lacets défaits, manteau boutonné de travers. J'éprouvais du bonheur au seul fait de respirer. Je voyais, en toute modestie, un parallèle entre mon retour à la vie, accompagné d'un rejet de l'espèce de cynisme intellectuel faisant partie du bagage de la jeune universitaire que j'étais, et certaines phrases où Simone me semblait surtout désirer être touchée. En son âme, en son corps ? Son fameux désir d'anéantissement me paraissait cacher autre chose.

J'ai rompu avec le *zek* qui voulait m'enterrer.

Et ce serait dommage de ne pas mentionner que, trois ans plus tard, l'interne dont les toutes fraîches connaissances en médecine m'avaient sauvé la vie devenait mon mari.

Une petite fille normale

– Votre tante s'est laissée mourir de faim, n'est-ce pas ?

Je suis invitée à goûter chez une de mes camarades de classe. J'ai douze ou treize ans. La question vient de m'être posée par la grand-mère de ma camarade, une grosse dame plutôt réjouie. Ses yeux lancent des étincelles dans ma direction, tandis qu'elle porte à sa bouche une part de tarte aux fruits et y plante de longues dents.

Sa fille, la mère de ma camarade, décrète :

– Moi, je l'admire énormément. Elle est allée jusqu'au bout, une véritable ascète.

– Le curé a parlé d'elle, tu te souviens. Il a prononcé le mot de sainte.

– Non, il a dit : mystique.

– C'est la même chose !

– Non. Mais n'importe comment, une ascète, une vraie.

Toutes deux se tournent de nouveau vers moi.

Occupée à mordre dans mon gâteau en faisant bien attention à ne pas laisser tomber de miettes, petite fille normale que des gens normaux peuvent prendre à témoin de l'admirable bizarrerie de sa célèbre tante, admirable, oui, mais néanmoins tout ce qu'il y a de bizarre et de pas normale, j'éprouve une double satisfaction : je suis normale, je mange de la tarte et aussi une part de flan, cependant que le sang d'une pratiquement sainte, le curé l'a dit la semaine dernière, circule dans mes veines. Je gagne sur les deux tableaux : tout en profitant d'un délicieux goûter, je participe sans coup férir à l'ascétisme, voire à la sainteté de ma tante, puisqu'il n'y a qu'à me regarder pour penser à elle. Car je sais que vont suivre, immanquablement, les mots :

– C'est fou, quand même, ce que vous lui ressemblez.

Je souris gentiment, un petit sourire sérieux, puisque le sujet n'est pas vraiment amusant, mais je suis un peu honteuse de ma mauvaise foi. Je me sens coupable d'une trahison, sans savoir précisément qui je trahis. Il me semble que je suis une usurpatrice, car ceux qui s'extasient ou s'attendrissent devant ma ressemblance avec ma tante ignorent que j'ai la tête vide, qu'il ne me vient jamais la moindre pensée tant soit peu digne de ma tante si bizarre et si admirable, et qu'à douze ans mon rêve serait plutôt de ressembler à Gina Lollobrigida pour que Fanfan la Tulipe, incarné par Gérard Philipe, soit amoureux de moi. Trois ans plus tard, j'envierai la queue-de-cheval blonde et le nez retroussé de Brigitte Bardot.

Le tibia de la sainte

Simone, c'était la jeune tante morte à trente-quatre ans, quelques mois après ma naissance, celle à qui je ressemblais, celle que je devais remplacer auprès de ses parents. «Vous avez une autre source de réconfort», leur écrivait-elle huit jours avant de mourir, dans une courte lettre écrite d'une main appliquée, enfantine. Lettre conservée par ma grand-mère dans une enveloppe où elle avait inscrit: «Dernière lettre de Simone, reçue après le télégramme nous annonçant sa mort.» Adolescente, je savais dans quel classeur se trouvait cette lettre, et je la relisais souvent. La source de réconfort, c'était moi.

J'ai grandi dans l'ombre de Simone. Ses yeux myopes, comme les miens, m'ont souri derrière leurs lunettes sur les photos qui ont entouré mon enfance et mon adolescence. Je la retrouvais souvent, à des moments inattendus, dans la vitrine d'une librairie, sur la couverture d'un livre, parfois même sur des affiches. Ses cheveux très noirs, comme les miens, plantés comme les miens, ondulaient comme les miens.

Comment aurais-je pu ne pas me définir par rapport à elle? Chaque jour on me disait:

– Tu es plus jolie que ta tante mais tu es un peu maigre, toi aussi. Surtout ne te laisse pas maigrir, tu risquerais de devenir laide, et puis de dépérir et de mourir très jeune, comme elle.

– Il faut bien dire qu'elle s'enlaidissait à plaisir, ajoutait-on inévitablement.

Je n'avais pas envie de mourir très jeune, et encore bien moins de devenir laide. Je mangeais mes tartines.

Le jour de la rentrée des classes, certains professeurs se penchaient vers moi pour s'exclamer ou chuchoter, selon leur tempérament :

– J'ai tant d'admiration pour votre tante !

Et d'ajouter, d'un air rêveur :

– Lumineuse, lumineuse !

Leurs yeux brillaient, preuve que le professeur avait retenu un peu de cette lumière dont quelques parcelles rejaillissaient à présent sur moi. Quelle gamine ne serait pas ravie de se sentir, même l'espace d'un instant, distinguée parmi ses camarades ? J'étais partagée, cependant, entre une fierté bien naturelle et la honte de ma propre médiocrité. Certes, j'étais capable de remporter des prix d'excellence, mais je sentais bien que mes petites gloires de lycéenne ordinaire ne participaient pas de la lumière dont il était question.

Il arrivait aussi parfois que, dans un déjeuner de famille, tous les yeux se braquent soudain sur moi, tandis que les fourchettes s'immobilisaient : j'avais fait un geste, j'avais eu une expression dont Simone était coutumière.

Très vite on a commencé à me demander si j'avais hérité des célèbres migraines de ma tante.

Décrite ainsi, ma situation ne présente rien d'extraordinaire. Beaucoup de gens ont grandi sous le portrait, sous la photo d'un jeune oncle, d'une grande sœur, d'un frère aîné, d'une mère ou d'un père trop tôt disparus, à qui leur vie durant la famille n'a cessé de les comparer. Presque toujours défavorablement, bien entendu.

Être le fils, la fille, le neveu ou la cousine d'un personnage célèbre est déjà plus exceptionnel, mais en regardant autour de soi il est facile de trouver des exemples. Il existe des familles dont plusieurs membres réussissent brillamment dans le même domaine, les Pitoëff dans le monde du théâtre, ou les Fonda dans le monde du cinéma. Cela existe aussi dans les milieux politiques, scientifiques...

Mais à combien de personnes est-il donné d'être la nièce d'une sainte, dont par surcroît on porte le nom, à une syllabe près, et à laquelle on ressemble?

On peut hériter le talent de comédien ou de musicien de son père ou de sa mère, on peut reprendre la fabrique de chaussures, d'appareils ménagers ou de pneus de son oncle et, suivant ses capacités, la mener à la réussite ou à la faillite. On peut succéder à son père médecin, notaire, cordonnier ou menuisier. Ou peintre. Être aussi bon ou meilleur, surtout s'il vous a appris le métier. Et même si l'on est moins bon menuisier ou moins bon dentiste, il est possible de se maintenir dans la même catégorie.

Il n'est pas possible de reprendre l'affaire d'une sainte. C'est une succession d'un autre genre, à laquelle il est cependant impossible d'échapper, à moins d'aller vivre en Patagonie ou chez les Lapons.

Une intellectuelle américaine, biographe de ma tante, qui avait grandi dans les milieux de la haute couture et des luxueuses revues consacrées à la mode, me dit un jour très sérieusement que j'aurais dû, afin d'échapper à un destin trop pesant, choisir de faire carrière dans le monde qu'elle-même avait quitté pour l'université. La même m'avait écrit avant de me rencontrer que cette rencontre avec moi lui serait comme un talisman...

Talisman. Voilà. Le mot était lâché.

Si vous n'avez choisi ni l'incognito dans un monde qui vous est étranger et vous déplaît – en l'occurrence celui de la mode –, ni l'exil en Patagonie, il reste le rôle intéressant, mais ambigu, de relique : le tibia de la sainte.

Des gens que vous n'avez jamais vus de votre vie se précipitent vers vous, rouges de plaisir, «mon Dieu quelle ressemblance, je vous ai reconnue tout de suite!».

Des inconnues (il faut croire que les hommes sont moins sujets à ce genre de fétichisme) vous demandent la permission de toucher vos cheveux qui «sont exactement comme les siens». Il est bon de se rappeler, dans ces moments-là, que le rôle principal et essentiel du tibia d'un saint ou d'une sainte est d'être touché, frotté, embrassé. Il y a une certaine satisfaction à jouer consciencieusement son rôle.

De parfaits étrangers s'enquièrent, à brûle-pourpoint et sans la moindre gêne, de vos sentiments religieux. Question rendue d'autant plus compliquée que la sainte que vous représentez est une juive qui a passé sa courte vie à inventer des raisons de se faire baptiser, et d'autres, tout aussi impératives, de n'en rien faire. Qui a également trouvé de curieuses raisons de vouloir que vous-même soyez baptisée, sujet dont on parlera plus tard.

Et justement, à propos de baptême, il arrive que l'un de ces étrangers, emprisonnant vos doigts dans les siens, vous déclare à quel point il est heureux de vous savoir baptisée. Quand il s'agit d'un prêtre, bien sûr, il est tout excusé : le baptême fait partie de son fonds de commerce.

Un inconnu, après vous avoir parlé de choses et d'autres, du ton intime d'un très vieil ami, finit par vous avouer qu'il est le jumeau cosmologique de Simone Weil. Il le tient de source sûre et cela a joué un rôle important dans sa vie. Il a l'air de penser que cette gémellité lui donne certains droits sur vous. Il est si proche d'elle !

Des inconnus et inconnues s'approchent de vous, tout près tout près, pour vous confier que cela fait des années qu'ils vivent une relation mystique et passionnée avec votre tante, morte depuis un demi-siècle, et que ça les émeut profondément d'avoir en face d'eux, aujourd'hui, votre visage, ce visage disparu, ce merveilleux visage Weil…

Un instant, vous vous sentez quelque peu disparue, vous aussi.

Être le tibia d'une sainte représente une forme d'existence sociale qui n'est pas nécessairement désagréable, car les gens qui viennent se frotter à lui, donc à vous, sont quelquefois intelligents et sympathiques.

Mais, mais. Être un bon, un vrai tibia, satisfait de son existence de tibia, exige une immense humilité. Humilité que ma tante, qui aspirait tant à n'être rien, ne m'a pas transmise, et pour cause : n'être rien, ce n'est pas du tout la même chose qu'être un tibia.

Un tibia c'est avant tout, et bien qu'on puisse le toucher et lui tirer les cheveux, un intermédiaire. Un truchement. Ce que les gens cherchent, quand ils contemplent le tibia ou le caressent d'une main pieuse, c'est le contact avec la sainte. Le tibia lui-même, ils s'en foutent complètement. Normal.

Il y a quelques années, dans un colloque de littérature à New York, j'ai rencontré une romancière américaine dont j'avais aimé plusieurs livres. J'étais contente de la rencontrer. Nous parlions de littérature, de féminisme, de ce que nous écrivions l'une et l'autre, quand un homme que je ne connaissais pas est venu lui murmurer quelque chose à l'oreille. Elle a poussé un cri, s'est cachée un moment le visage dans les mains, a même eu, je crois, quelques petits sanglots. Ensuite, les yeux rivés sur moi, la respiration coupée, elle répétait, ou plutôt hoquetait – sa nièce, sa nièce, mais oui, je vois, maintenant, *Oh my God*, la propre nièce de Simone Weil. Elle ne m'adressa plus un mot, mais me contemplait comme on contemple un fantôme. L'inconnu qui lui avait révélé mon identité restait planté à côté d'elle, et hochait la tête avec un sourire satisfait. Il pouvait ! Au bout de quelques minutes, fatiguée de ce petit spectacle et du rôle que j'y jouais, je les quittai, pour être rejointe au buffet, devant le saumon et les asperges mayonnaise, par un monsieur qui, après s'être présenté – c'était le mari de la romancière –, me serra dans ses bras, me disant : «Vous n'imaginez pas l'immense joie, l'émotion que représente pour elle cette rencontre si inattendue. Croyez-moi, elle en est encore, elle en sera longtemps bouleversée.»

Vivre avec elle

Petite, je croyais que c'était leur métier. J'avais des grands-parents qui travaillaient toute la journée à copier le contenu d'une série de cahiers dans une autre série de cahiers. Il ne fallait pas trop les déranger. Ils prenaient une demi-heure à midi pour manger un œuf sur le plat, une pomme de terre, du fromage blanc. Un peu plus de temps s'ils nous faisaient déjeuner, ma sœur et moi.

Après la guerre, pas tout de suite mais en 1948, toute la famille avait fini par revenir à Paris, rue Auguste-Comte, en face des jardins du Luxembourg. Nous d'abord, ensuite mes grands-parents. Nous flottions dans l'immense appartement vide, sale, décrépit, un ou deux murs troués par les balles des combats de la Libération, mais jouissant toujours de la vue imprenable sur Paris, les Allemands ayant été bien obligés de la laisser quand ils étaient partis avec les meubles. (Les premières années, le physicien Louis Rapkine et sa famille y flottaient avec nous. C'était à Rapkine que mes parents devaient d'avoir pu quitter la France pour aller aux États-Unis en 1941.)

Nous dormions sur des matelas posés à même le sol, nous nous asseyions sur des fauteuils de jardin rapportés du Brésil. Il y avait une table, cependant, une grande et solide table de bois, installée dans la chambre du fond qui avait été la chambre de Simone. Dès leur retour à Paris, mes grands-parents se sont immédiatement assis chacun d'un côté de cette table, ont ouvert de grands cahiers noirs qu'ils avaient transportés dans leurs valises de New York au Brésil puis en Suisse, puis enfin à Paris, et se sont mis à copier.

J'ai en ma possession plusieurs de ces grands cahiers à couverture noire, achetés à New York, à la Dorothy Press, sur la 125e Rue, non loin de l'appartement sur Riverside Drive où ma tante et ses parents s'installèrent en 1942, et où je devais vivre par la suite avec mes grands-parents. Ce sont en vérité des carnets de comptes, aux pages rayées et bien plus hautes que larges. Ma grand-mère les avait-elle acquis pour tenir ses comptes, lorsqu'elle gagnait un peu d'argent en cousant des perles sur des chapeaux et des sacs, et en brodant des vêtements pour bébés, comme beaucoup de vieilles dames réfugiées ? Dans ces cahiers, et dans d'autres de format français, achetés plus tard à Paris, mes grands-parents ont copié les écrits de Simone. Sur les cahiers noirs ils ont copié ses cahiers de New York. Mon grand-père se chargeait des textes contenant du grec, car il le copiait admirablement.

Je suis finie, cassée, peut-être l'objet peut-il être…
provisoirement recollé… mais… même ce recollage
provisoire ne peut être accompli que par mes parents,
écrivait Simone à un ami, dans les dernières semaines
de sa vie.

Et eux n'avaient pas pu, mais vraiment pas pu – le monde s'était ligué pour les en empêcher – rejoindre leur fille et la recoller. Alors ils la recopiaient. La maintenaient en vie, et continuaient à vivre avec elle. Tous, nous vivions avec elle. Il y avait sa chambre, et sa photo, au mur, avec son petit sourire tendre et un peu triste, ses yeux bien ouverts derrière les lunettes, la «photo de New York» la photo de Simone «telle que nous l'avons vue pour la dernière fois», disait ma grand-mère, et devant la photo, une vieille malle cabossée, portant des étiquettes à moitié arrachées, avec des noms de bateaux, et aussi des adresses à New York et à São Paulo. La malle était couverte d'un napperon sur lequel était posé un vase. Parfois un visiteur apportait des fleurs qui étaient immédiatement placées dans le vase sur la vieille malle, devant la photo. Il y avait le placard où dormaient toutes ces phrases qu'elle avait écrites et qu'il fallait copier, le placard dont je savais si bien ouvrir la porte sans bruit, pour chercher les phrases me concernant.

Souvent ma grand-mère parlait au téléphone. Sa voix métallique, avec cette façon qu'elle avait, mi-belge, mi-d'Europe centrale, d'appuyer sur les syllabes, résonnait d'un bout à l'autre de l'appartement, car le téléphone était placé dans le couloir. Pendant toute une saison elle parla de l'attente de Dieu. L'accent était mis sur le dernier mot, tandis que la voix de ma grand-mère descendait de plusieurs tons, comme si elle atterrissait sur ce mot Dieu. Nous attendions Dieu ? Quel Dieu ? Mon père ne nous parlait que de dieux grecs ou hindous. À l'école communale où j'ai fait mes petites classes, les filles parlaient de Jésus, un Dieu que l'on avalait mais qu'il fallait prendre grand soin de ne pas mâcher, parce qu'il resterait collé dans votre bouche pour toute la vie. Quel Dieu attendaient donc mes grands-parents, tout en copiant des cahiers et encore des cahiers ?

J'aime lire Simone dans ces cahiers. Des phrases, des pensées qui, imprimées, ne m'intéressent guère, ou même me rebutent, je dois bien l'avouer, me touchent infiniment, copiées de la main de mes grands-parents, car je les vois assis face à face, à la grande table de bois qui est à présent chez moi, copiant à longueur de journée, de semaine, de mois. Je les vois, Bernard et Selma, que tous nous appelons Biri et Mime, penchés sur leurs cahiers, lunettes sur le nez, comme deux bons vieux élèves, le profil aigu de ma grand-mère, sa frange grise et raide coupée en droite ligne sur le front, sans la moindre coquetterie, et le profil plus doux de mon grand-père, sa moustache encore fournie qui piquait quand il vous embrassait ou vous auscultait.

Il me semble, quand je lis les phrases copiées par eux, que nous sommes encore tous ensemble, que je suis sur leurs genoux, qu'ils me parlent de leur fille chérie à qui je ressemble, et qu'ils me font la lecture, comme quand j'étais enfant.

À quoi pensaient mes grands-parents tandis qu'ils copiaient, copiaient sans relâche les nombreux cahiers laissés par leur fille ? De temps à autre, ils échangeaient quelques remarques assez brèves, comme des gens qui font un travail. Biri parlait à voix assez basse, Mime parlait plus fort. Parfois elle s'arrêtait de copier pour commenter une nouvelle du jour, pour s'indigner de quelque chose qu'il lui avait lu dans le journal, la veille au soir, ou en déjeunant. «Non, mais crois-tu, tout de même, ces gens ont toute honte bue !» Son *h* violemment aspiré, à la fois familier et exotique, me faisait rire et cependant ne me déplaisait pas. Dans un monde qui tournoyait, au milieu de paysages toujours changeants, ce *h* aspiré était comme un point fixe, héroïque et ridicule.

À quoi pensait-elle pendant toutes ces heures où elle copiait l'écriture ronde et enfantine de ma tante, traduisant cette écriture de lycéenne appliquée en sa propre calligraphie de jeune fille de bonne famille, élevée au XIXe siècle ? Tantôt elle se laissait aller à orner son travail de superbes majuscules, tantôt elle restait plus austère. Cela devait dépendre de son humeur.

Les pages copiées par mon grand-père, et c'est lui qui copie les textes les plus semés de difficultés, sont d'une fidélité scrupuleuse. Simone a-t-elle écrit une demi-page pour ensuite tout barrer en croix ? Bernard copie la demi-page et la barre de la même croix. Rien n'est éliminé, condensé, raccourci. Se pose-t-il même la question ? Sûrement pas. Il s'agit de sa fille ! Les encadrés, les ratures, les phrases rayées d'un trait serpentin, ou de plusieurs traits, puis répétées, tout y est, et chaque page correspond exactement à l'original. Les caractères grecs sont magnifiques. Il n'y a qu'une seule chose qu'il n'est pas capable de reproduire : le fait que Simone ne tient aucun compte des lignes (et se sert autant que possible de cahiers sans lignes). Bernard est un ancien officier, il a le sens de la discipline, le sens de la façon correcte de faire les choses, il respecte avec rigueur les lignes du grand cahier noir. Je ne peux pas l'imaginer faisant autrement.

Ma grand-mère fait comme sa fille, elle a toujours été, elle aussi, une rebelle : elle ignore royalement les lignes, et condense parfois trois pages de Simone sur une de ses pages à elle.

L'écriture de mon grand-père est moins régulière que celle de ma grand-mère, moins ornée, mais soignée, une écriture de médecin qui veut que ses ordonnances soient lisibles et compréhensibles.

À quoi pouvait-il penser, lui dont la vocation avait été de soigner et de guérir, lorsqu'il copiait tant de phrases où il ne s'agissait que de trouver sa joie dans le malheur et les privations, dans le déni du corps et des biens de ce monde ? Lui qui n'aimait que plaisanter et distribuer des friandises, lui dont les lettres à ses deux enfants étaient toujours remplies de conseils pour leur bien-être et leur santé, à quoi pensait-il en copiant soigneusement cette phrase écrite par sa fille : « Je ne suis pas et je consens à ne pas être, car je ne suis pas le bien, et je veux que le bien seul soit. » Propos de philosophe, se disait-il sans doute, propos qu'il n'avait jamais cherché à comprendre. Et je suis certaine qu'au plus profond de lui-même il se disait aussi que tout cela ne valait pas une bonne ordonnance bien rédigée. Mais sa « pauvre petite Simonette » était allée jusqu'au bout, était allée jusqu'à la mort. A-t-il jamais eu le sentiment d'une atroce défaite ?

Lui qui affectionnait des blagues un peu osées, des blagues de médecin, qui faisaient hurler ma grand-mère, à quoi pouvait-il bien penser lorsque, se levant pour se dégourdir les jambes, il jetait un œil sur la page où sa femme venait de copier de sa belle écriture :

Sexualité. Il y a un mécanisme dans notre corps qui, quand il se déclenche, nous fait voir du bien dans des choses d'ici-bas. Il faut le laisser rouiller jusqu'à ce qu'il soit détruit.

Et elle, l'épouse qui, folle de son mari, signait toutes les lettres qu'elle lui adressait «ta petite femme qui te serre, qui te serre dans ses bras», que pensait-elle ?

Sur la page de couverture des cahiers dont Simone s'est servie à New York, ma grand-mère a noté :

Écrit à New York.
Elle a quitté l'Amérique pour
Londres le 10 novembre 1942

Et sur la page de couverture du cahier noir où elle copie, elle inscrit encore :

Écrit à New York
Elle a quitté l'Amérique
le 10 novembre 1942

Comme un poème sur une pierre tombale.

Comme si elle ne se lassait pas de rappeler, sur l'original et aussi sur la copie, ce terrible jour d'automne où, sur un quai de Manhattan, elle a serré sa fille dans ses bras pour la dernière fois, vérifié pour la dernière fois qu'elle était habillée assez chaudement pour la traversée, qu'elle n'avait pas mis que des livres dans sa valise, pas seulement le *Timée* et la *Bhagavad-Gîtâ*, mais aussi des pulls d'hiver et des chaussures de rechange.

Assis de part et d'autre de leur table, mes grands-parents évoquaient-ils jamais, presque sans le vouloir, et pour aussitôt se taire et recommencer à gratter furieusement, une époque où ils se faisaient encore des illusions ? Ce printemps 1941 à Marseille où Mime, mère aveugle comme toutes les mères, écrivait à André arrivé depuis peu aux États-Unis :

> Dans un envoi de Paris nous avons reçu le «grand œuvre» de Simone, je vais le taper et tâcher de retrouver quelqu'un qui s'embarque pour New York et qui t'apportera une copie. Cela intéressera peut-être quelqu'un de la New School et ouvrirait peut-être un débouché quelconque à Simone. Si elle pouvait trouver un poste si modeste qu'il soit, quel bonheur et quelle tranquillité ce serait pour nous.

Débouché, poste, bonheur, tranquillité… Y croyait-elle vraiment, même en 1941 ?

Quand Biri avait assez copié, il sortait faire un tour. Et quand il rentrait, c'était chaque fois une petite fête. À peine la porte refermée, et son béret lancé sur le portemanteau, il annonçait, en prenant son air malin d'Alsacien un peu farceur : «Aujourd'hui pas de croquignoles, le marchand n'en avait plus !» Ma sœur et moi nous protestions, nous sautions bruyamment autour de lui, comme de jeunes chiens, et nous plongions nos mains dans les poches de sa veste ou de son imperméable, pour y trouver les minuscules biscuits craquants que nous adorions. Et lui, riant de notre plaisir, en croquait plus d'un avec nous.

La place du sucrier

– Vous êtes les filles d'un génie, ne cesse de nous rappeler ma mère.

Et souvent elle ajoute que nous avons beaucoup de chance.

Étant un génie, mon père ne peut évidemment pas se souvenir de la place du sucrier, des couverts de table ou de la cafetière, et même pas des mots désignant les objets en question. Quand il lui faut un couteau ou du sucre, André fait un grand geste de la main, une sorte de moulinet. Parfois il agite les deux mains. Deux moulinets. À nous, ma mère, ma sœur et moi, d'interpréter les moulinets, avant de courir chercher l'objet.

Quand nous protestons, ma sœur et moi (ma mère ne proteste pas), il nous explique que la mémoire n'étant pas extensible à l'infini, il faut éviter de l'encombrer de détails inutiles. Je ne sais pas pourquoi c'est la place du sucrier qui figure en tête de cette liste de détails inutiles. Nous tirons de ce petit discours de mon père la conclusion que les détails inutiles peuvent bien encombrer nos chétifs cerveaux, à nous, que nous pouvons remplir nos têtes de sucriers, de cafetières, de dessous-de-plat, de savons et de torchons, et que cela n'a aucune importance. Ou bien qu'il faut que nous trouvions un truc, nous aussi, pour échapper. Simone avait trouvé le truc, évidemment, et n'avait jamais encombré sa mémoire de détails inutiles. Ni même, il faut le dire, de certains détails qui nous semblent, à nous, assez utiles. Il n'y a qu'à lire les lettres où Mime raconte qu'elle va faire le ménage et la cuisine de sa jeune agrégée, devenue professeur. Non seulement faire le ménage, mais aussi les courses, et ranger les vêtements et s'assurer que la «trollesse» ne manque ni de linge ni de mouchoirs. Simone, pendant ce temps, mémoire pas encombrée, se livrait à toutes sortes d'occupations amusantes, comme se moquer de la directrice du lycée, et manifester avec les ouvriers en grève. Je note cependant que ma grand-mère s'inquiétait et se demandait si Simone était mariable. Ou plutôt craignait qu'elle ne le fût pas. «La vois-tu en mère de famille?», écrit-elle à mon grand-père.

Parfois nous rêvons, ma sœur et moi, d'avoir un père ordinaire. Il préparerait le café, il tournerait la salade. Il ne nous préférerait pas son travail, il nous dirait: «Comme tu es jolie, ma chérie, raconte-moi ce que tu as fait aujourd'hui.» Il aurait pour nous des mots d'une affectueuse banalité.

Oui, mais voilà. Ce serait banal. Médiocre. Nous avons été bien dressées à détester tout ce qui n'est pas supérieur. Quel dégoût quand il nous arrive de voir le père d'une de nos camarades de classe ou de vacances, en train de jouer aux cartes ou, pis, assis sur un canapé à regarder la télévision! Nous rougissons de honte pour notre malheureuse copine. Notre père, à nous, enfermé dans son bureau, aligne des chiffres et des signes dont le caractère incompréhensible garantit la supériorité. Il travaille à une somme de fractions sur laquelle les plus grands mathématiciens du monde se penchent sans succès depuis bientôt cent ans! Un jour, je dois avoir dix ans, comme je suis en train d'apprendre à additionner les fractions, André écrit pour moi sur une mince bande de papier:

$$1 + \frac{1}{2^s} + \frac{1}{3^s} + \frac{1}{4^s} + \frac{1}{5^s} + \frac{1}{6^s} + \dots$$

Et moi :

– C'est tout ? Et c'est à ça que tu travailles ?

Je glisse la bande de papier dans mon cahier de calcul, et je l'y garde assez longtemps, comme une formule magique.

Quand il n'est pas en train de faire des maths, il lit de gros volumes recouverts de cuir assez rugueux, dans les pages desquels on peut voir de très anciens trous tout ronds, creusés par des vers qui vivaient au Moyen Âge. Ou encore il parcourt un musée en se livrant à des réflexions d'une profondeur inimaginable sur des Van Gogh ou des amphores grecques.

Fille d'un génie ! J'ai très tôt appris à ne pas le déranger lorsqu'il travaillait, à observer un silence religieux quand il écoutait les cantates de Bach, à la radio, le dimanche matin. Toute mon enfance j'ai pu voir la terreur dans les yeux de ses jeunes collègues. Et moi, bien sûr, qu'il me traite d'idiote quand je ne comprenais pas ma version latine ou un problème d'algèbre, ça allait de soi. Cela pouvait même, au prix d'un petit effort, être transformé en sujet de fierté. J'avais accepté qu'il parte en voyage quand j'étais malade, et qu'il ne m'écoute jamais que d'une oreille, les yeux fixés sur son livre. Je me donnais du mal pour trouver des sujets de conversation pouvant l'intéresser, car rien n'attirait sa colère et son mépris comme une conversation qu'il jugeait oiseuse. À table. En promenade. Oiseuse, c'était son mot. Quel bonheur cependant, lorsque j'avais pu, au dîner, entre deux bouchées, faire une remarque pertinente sur *Athalie* ou *Le Misanthrope*, ou citer quelques vers de l'*Énéide*. Dans ce dernier cas, il fallait être un peu blindée, et se souvenir que ça lui faisait plaisir, malgré l'inévitable, accablé et accablant «Ma pauvre fille, on ne t'apprend même pas à scander les vers latins convenablement».

Car notre génie de père ne s'en tenait pas aux maths. Son cerveau était une pieuvre dont les tentacules allaient dans

45

toutes les directions. Il scandait les vers latins et aussi les vers grecs, on croyait entendre Homère ou Théocrite en personne ; du reste il lisait le grec dans des volumes où les caractères ne ressemblaient absolument pas à ceux de notre grammaire grecque et de nos morceaux choisis. Il lisait le sanscrit, aux caractères vraiment bizarres. Il parlait l'italien comme Dante, l'espagnol comme Cervantès, et ainsi de presque toutes les langues vivantes. Qu'il rendait moins vivantes, il faut bien le dire.

Nous avions de la chance, en effet. À table, nous pouvions apprendre, apprendre…

Seulement voilà : il y avait un démon, un puissant et malin démon qui, nous ayant choisis comme famille d'adoption, nous suivait en voyage, s'asseyait à notre table, ne nous quittait pour ainsi dire jamais. Ce démon nous susurrait, à ma sœur et à moi, que la seule façon de conquérir le droit d'oublier ou, mieux, de n'avoir jamais su la place du sucrier et des serpillières, c'était de réciter du Virgile à longueur de repas. Solution évidemment impossible. Alors le démon, impitoyable et logique, nous poussait à foncer dans la direction contraire et à échanger, dès le début du dîner, toutes sortes d'inepties qui faisaient pouffer de rire les gamines que nous étions, et qui exaspéraient mon père. La réaction ne tardait pas : «Ah ! Vous me cassez les oreilles !» Nous savions ce qui allait suivre : «Je vous ôte la parole, je vous coupe la langue, je la mets dans ma poche, vous m'entendez, les deux langues sont dans ma poche, vous ne pouvez plus parler tant que je ne vous les aurai pas rendues.»

Petites, nous le prenions très au sérieux. Plus grandes, nous jouions le jeu. Nous nous taisions. Nous attendions qu'il veuille bien nous rendre nos langues. André était plus fort et plus malin que le démon.

Qui félicite-t-on, ici ?

Pendant toutes mes années de lycéenne, puis d'étudiante à Paris, mon père, professeur à l'université de Chicago d'abord, puis à l'Institute for Advanced Study de Princeton, m'écrivait de longues lettres. Je les ai encore. Leur contenu est assez varié. Certaines sont entièrement consacrées à des horaires d'avions ou de transatlantiques, lorsque approchent des vacances où je dois rendre visite à mes parents aux États-Unis. Jeune homme, mon père avait été un lecteur passionné des indicateurs des chemins de fer. Les horaires des trains représentaient le rêve, la liberté, mais aussi, à une certaine époque, les rendez-vous avec ma mère. Cette passion ne l'a jamais vraiment quitté.

Le plus souvent, les épîtres paternelles parlent de mes études, et il n'est pas rare que mon père y mentionne sa sœur. Nous comparant, d'une certaine façon. Ainsi, lorsque j'étais en première au lycée Fénelon (lycée qu'avait aussi fréquenté Simone), il m'écrivait :

> Quant aux doutes que t'inspire ta propre intelligence, ils me font penser à ma sœur qui a écrit à je ne sais plus qui, dans une lettre qui a été imprimée (et que les gens qui écrivent sur elle citent volontiers), qu'elle a songé sérieusement à se suicider, apparemment vers l'âge de quinze ou seize ans, «à cause de la médiocrité de ses

47

dons» (je crois que ce sont à peu près les termes dont elle se sert). Je dois dire que je ne me suis jamais douté, à l'époque, qu'elle ait été dans cet état d'esprit. Quoi qu'il en soit, tu vois par là que tu n'es pas la première à qui, vers cet âge, il vienne ce genre d'inquiétude, bien qu'il n'arrive pas souvent qu'on pense à se suicider pour cela (sans doute ma sœur a-t-elle un peu exagéré les choses rétrospectivement). Je n'ai pas besoin de te dire qu'il est également faux de penser que les succès scolaires sont toujours sans aucun rapport avec l'intelligence, et de penser qu'ils en donnent une mesure exacte. Pour qu'une personne intelligente puisse faire bon usage de l'intelligence qu'elle possède, il est très utile qu'elle ait une certaine confiance en elle-même ; or, les succès (ce qui veut dire, à ton âge, les succès scolaires) aident beaucoup à prendre confiance en soi, c'est par là qu'ils ont du bon.

Mon premier grand succès scolaire devait venir peu après : un premier prix au concours général. La distribution des prix, dans le grand amphithéâtre de la Sorbonne, fut, je crois, assez grandiose. Le général de Gaulle présidait en personne, sans doute pour montrer que la jeunesse française était formidable. Je n'ai pas le moindre souvenir de la cérémonie, sinon des mots que le général de Gaulle prononça, tout en me serrant la main.

Le soir de la distribution des prix, je me trouvais, exceptionnellement, dans un café avec un ami.

Un marchand de journaux est entré. *France-Soir*, demandez *France-Soir*, dernière édition ! C'est mon ami qui, de loin, a vu la photo en première page. Il faut dire qu'elle occupait tout le milieu de la page. Il bégayait de surprise, mon ami, tout en achetant le journal : «Regarde, mais regarde !» C'était moi. Juste au moment où le général de Gaulle, penché vers moi, me serrait la main. Nos mains, imbriquées l'une dans l'autre, étaient floues, forcément, puisqu'elles bougeaient. Mais nos visages étaient très nets. Le général, lèvres un peu avancées, on voyait presque les paroles en sortir, me disait quelque chose d'aimable et moi, les yeux levés, je le regardais. Petit sourire bien élevé. Moi et de Gaulle. Moi, vêtue de la jolie robe à fleurs que ma mère m'avait achetée chez Franck pour l'occasion, et de ma vieille veste en cuir blanc, un peu sale, que je n'avais pas enlevée, honteuse peut-être de montrer mes bras à toute cette assemblée. Plus probablement par oubli. Est-ce qu'on songe à sa veste, à seize ans, en pareille circonstance ? Au-dessus de la photo, en gros caractères, on lisait :

La fille du mathématicien Maurice Weil *(erreur vexante pour mon père !)* – lauréate du concours général – reçoit ses prix des mains du général de Gaulle.

Une heure plus tard, dans un kiosque du boulevard Saint-Michel, bien en vue, la huitième et toute dernière édition : même grande photo (alors que les autres rubriques de la première page avaient changé) et, au-dessus, les mêmes gros caractères, mais cette fois c'était : la nièce de la philosophe Simone Weil, etc.

La famille au grand complet.

Toute la soirée, et toute la journée du lendemain, le téléphone n'arrêta pas de sonner. On se moquait de mon père, qui « avait enfin trouvé moyen de figurer à la une d'un quotidien mais, quelle malchance, escamoté sous un faux prénom ! ». Les amies de ma mère téléphonaient pour déplorer que je n'aie pas retiré ma vieille veste. Ma mère ne les avait pas attendues pour le déplorer elle-même, abondamment. Pour rien, la jolie robe de chez Franck ! Les femmes de la famille ont parlé de cette veste non retirée pendant plusieurs semaines, à l'exclusion de presque tout autre sujet.

J'avais reçu une énorme pile de livres et une généreuse bourse de voyage. Et j'avais eu ma photo en première page de *France-Soir* avec le général de Gaulle, lui penché vers moi, tenant ma main dans la sienne. La photo le montrait parlant. Ce qu'il me disait? Il me disait: «J'ai beaucoup admiré votre tante.» Pas un mot de plus, même pas: «Félicitations, mademoiselle!» Rien. De cela je me souviens. Pas un mot pour moi, la gamine qui venait de remporter son premier vrai grand succès scolaire!

En plus, je savais parfaitement qu'à Londres il avait déclaré qu'elle était complètement folle, ma tante. Alors, l'admiration?

Je possède encore, bien sûr, les deux éditions de *France-Soir*, je les regarde en écrivant ces lignes: je suis mignonne, avec mes bandeaux très noirs, mais c'est vraiment dommage que je n'aie pas retiré ma veste.

Me faire baptiser ?

Quand nous habitions l'appartement de la rue Auguste-Comte, il y avait des années où je couchais au sixième étage, qui était l'étage de mes grands-parents. Certains soirs, quand on me croyait endormie, je me relevais et j'ouvrais sans bruit «le placard aux manuscrits». Je soulevais les couvercles des boîtes, les unes en carton, les autres en bois, où s'entassaient cahiers et feuillets couverts de l'écriture d'élève appliquée qui m'était devenue si familière. Les écrits philosophiques ou historiques de ma tante me paraissaient aussi obscurs que les brouillons mathématiques éparpillés sur la table de travail de mon père. J'avais donc très vite repéré les boîtes contenant les cahiers et les lettres. En chemise de nuit, accroupie ou assise en tailleur à même le plancher, je lisais «Le Christ lui-même est descendu et m'a prise». Seulement moi, j'y mettais le trouble d'une sexualité naissante. Admirable et incompréhensible, la tante fantôme qui faisait partie de notre paysage quotidien! Je rêvais de Gérard Philipe, elle se faisait prendre par le Christ.

Je n'ai pas tardé à découvrir que j'étais mentionnée dans presque toutes ses dernières lettres à ses parents et à son frère. À treize ans, je savais par cœur toutes les phrases me concernant. Certaines me charmaient, me flattaient: la «Sylvie au sourire ensoleillé», c'était moi! D'autres m'intriguaient: «... je lui ai jeté un sort et ça se verra dans quelques années».

51

Je me demandais, bien sûr, si ce fameux sort que m'avait jeté Simone se voyait déjà. Mais quelle espèce de sort était-ce?

La lettre de Simone que je relisais le plus souvent était naturellement l'étonnante lettre où elle conseille à mon père de me faire baptiser. En cas de «législation plus ou moins antisémite, écrivait ma tante, il sera agréable pour elle, probablement, de jouir de certains avantages, sans avoir commis de lâcheté». Cette phrase me mettait hors de moi. Elle me paraissait indigne et de ma tante, et de moi. Je m'adressais directement à Simone : il y avait donc place dans sa tête pour ce genre d'idées? Il y avait donc en elle un fond de lâcheté, justement, qu'elle n'hésitait pas à m'attribuer? Ce baptême qu'elle refusait pour elle-même, elle me le balançait, à moi, tout en restant pure, de son côté, tant du baptême que de ses «avantages»! Elle se réservait l'héroïsme, et faisait de moi quelqu'un qui trouverait «probablement agréable» de jouir des avantages accordés aux juifs baptisés. Quel genre d'avantages? Une loge à la Comédie-Française? Un travail bien rémunéré? Un grand appartement? Quel mépris avait-elle donc pour celle que j'allais devenir?

Ce qui me plaisait néanmoins, dans cette lettre, et m'amusait, bien sûr, c'était que tante Simone semblait beaucoup penser à mon mariage puisqu'elle énumérait tous mes fiancés possibles. Cette énumération me faisait rêver. Je voyais défiler, à la queue leu leu, les divers fiancés qu'elle envisageait pour moi, le fiancé catholique, le protestant, le «fils de chrétiens pratiquants» (je voyais mes futurs beaux-parents tout endimanchés, s'en allant à la messe), le juif, l'athée, le bouddhiste… ce dernier surtout m'intéressait, je l'imaginais toujours vêtu d'un costume délicieusement exotique.

Mes parents ont longtemps hésité à accomplir le vœu de Simone. Mon père aurait voulu s'en tirer par un baptême protestant. Il essaya de convaincre sa sœur. En vain. Le baptême protestant, lui répond-elle, c'est très «canulant» (note pour les non-initiés, cela signifie « ennuyeux » dans le jargon des normaliens. Simone et André, dans leur correspondance, emploient tout le temps ce mot, vieux reste de leur passage à l'École normale). Canulant parce que les catholiques ne le reconnaissent pas, écrit-elle. Reparaissait alors le fiancé catholique que je ne pourrais pas épouser à cause du baptême protestant. Même si lui, de son côté, ça ne le dérangeait pas (décidément Simone pensait à tout !), cela pourrait contrarier ses parents et ils s'opposeraient à notre mariage. En fin de compte, ç'aurait été un coup pour rien. Heureusement que, l'inverse n'étant pas vrai, le baptême catholique ne créerait aucun problème pour le fiancé protestant. Je gardais toutes mes options. En somme, tante Simone raisonnait comme raisonnerait une mère prévoyante (une mère juive, en l'occurrence, même s'il s'agissait de baptême !) qui veut ce qu'il y a de mieux pour son enfant. Il me fallait un baptême à tout faire, qui m'ouvrirait le plus grand nombre possible de portes, m'apporterait des avantages et ne me créerait aucun souci !

On a fini par me faire baptiser, assez longtemps après la mort de ma tante, dans une église de New York, d'abord pour honorer sa mémoire, et puis parce que ma famille avait l'idée, partagée par tant de parents juifs, qu'un certificat de baptême pouvait représenter une espèce de protection. Cela faisait partie des documents que l'on collectionnait, au même titre que les cartes d'ancien combattant, les diplômes, les décorations, si on en avait, les laissez-passer en tout genre, les visas. À l'heure qu'il est, je crains fort d'avoir égaré mon certificat de baptême. En revanche, il me reste les visas pour le Siam, pour toute la famille Weil. J'ai, sous les yeux, le passeport de Simone, « Visé pour se rendre à Bangkok et y séjourner. Marseille, le 17 septembre 1940 ». Et le magnifique cachet du consulat de Siam. C'était aussi une idée de Simone. Mon grand-père Biri avait fait la queue une nuit

53

entière, à Marseille, pour obtenir ces visas, et les avait payés fort cher. Bangkok? Ils y seraient allés comment?

Le jour de mon baptême, je me suis beaucoup amusée à galoper entre les rangées de chaises, m'a-t-on raconté. J'étais bien trop petite pour comprendre que désormais toute une cohorte de fiancés très différents les uns des autres pouvaient prétendre à ma main en parfaite tranquillité.

Conclusion? Si je ne me suis pas tournée vers un «judaïsme fanatique» – je cite toujours la lettre de Simone, mais qu'entendait-elle par là? –, je suis «revenue» au judaïsme et j'ai épousé un homme juif sortant d'un milieu strictement orthodoxe. Le seul cas de figure qu'elle n'avait pas envisagé!

Les bonnes sœurs

Il m'arrive parfois de songer aux deux petites nonnes italiennes, pas très jeunes, mais, oui, petites et plutôt mignonnes, avec leurs guimpes bien blanches et leurs longs voiles sombres, venues rendre visite à mon père, rue Auguste-Comte, pour lui parler de Simone. Elles lui avaient tenu, très gentiment, à peu près ce discours :

— *Signor* Weil, *la sua sorella* Simone Weil était une grande intellectuelle et ses raisonnements étaient de beaux raisonnements mais nous, nous l'aurions convaincue, *signor* Weil, convaincue et convertie, croyez-nous ! Nous, on vous l'aurait baptisée !

Elles étaient reparties d'un pas alerte, enchantées de leur visite, fières de leur certitude, et mon père, leur souhaitant un bon retour à Rome, leur tint la porte de l'ascenseur avec le plus grand respect. Puis, resté songeur, il me dit avec un petit sourire amusé mais dépourvu de la moindre ironie :

— C'est peut-être dommage que Simone ne les ait pas rencontrées !

La carpe farcie

Et si Salomea, dite Selma, au lieu de se moquer de sa belle-mère alsacienne et pieuse, l'avait aimée? Et si, au lieu de mépriser le *seder*, le repas traditionnel qu'Eugénie Weill préparait chaque année pour la Pâque, elle y avait amené Simone et André, avec son mari? Car non seulement elle n'y emmenait pas les enfants, mais elle avait persuadé son mari de ne pas s'y rendre non plus. Si elle avait encouragé ses enfants à avoir du respect et de l'affection pour cette grand-mère aux beaux cheveux blancs et aux grands yeux sombres, qui ne demandait qu'à les adorer? Au lieu de leur communiquer l'antipathie qu'elle-même éprouvait pour la vieille dame qui s'installait parfois quelques jours chez eux avec, oui, c'est vrai, sa casserole et ses assiettes *cachère* ainsi que son livre de prières en hébreu.

Oubliait-elle, Selma, ou voulait-elle oublier que ses propres parents fréquentaient la synagogue d'Anvers et chômaient les jours de fête? Je relis une lettre écrite le 24 septembre 1895 par Félix, le frère de Selma, à leur père, Adolphe Grigorievitch Reinherz. Félix se moque gentiment de son cher papa qui va écourter ses vacances à Ostende pour assister aux services de Rosh ha-Shana et de Kippour, rue des Architectes (aujourd'hui Bouwmeestersstraat, où la grande synagogue, dite hollandaise, venait d'être terminée deux ans plus tôt, en 1893).

Est-ce que, malgré ton radicalisme en politique et le scepticisme religieux de tes enfants, tu tiens encore à conserver intactes les saintes traditions familiales ? interroge le garçon de vingt ans.

Les journées passées à la synagogue vont faire perdre ses belles couleurs de vacances à son cher papa !

Le bon Dieu t'ordonne de profiter autant que possible du beau temps et te conseille de faire une promenade à MariaKerke *(une plage près d'Ostende)* plutôt qu'à la rue des Architectes. Oh là là ! Je crains de m'attirer, par ces quelques phrases goï, la colère et l'indignation de mes chers parents, mais je compte sur le libéralisme de leurs idées pour me pardonner de ne pas les suivre dans leur voie religieuse et même d'oser discuter. En tout cas, je compte bien que vous n'allez pas m'interdire de travailler ce jour-là, interdiction que, je crois devoir vous avertir, j'enfreindrais sans aucun scrupule.

Ainsi, il flottait un vent de rébellion chez les enfants Reinherz !

Qu'est-ce que cela montre ? Rien, si ce n'est que les biographes de Simone Weil, emboîtant bravement le pas à Simone Pétrement qui, évoquant les parents de Selma, parle de «juifs libéraux qui n'avaient gardé aucune pratique religieuse», ont voulu gommer cet aspect de la famille Reinherz. On décrit une famille cosmopolite, cultivée, musicienne... Elle était tout cela, sans aucun doute, mais ça n'empêche pas d'aller de temps en temps à la synagogue, ni de garder ses enfants à la maison lors des fêtes juives ! On mentionne quand même le recueil de poèmes en hébreu écrit par Adolphe Grigorievitch, un volume relié en maroquin rouge que mon père m'a décrit plus d'une fois et dont il déplorait la disparition. Étaient-ce des *piyyoutim*, des poèmes liturgiques, ou bien des poèmes d'amour, utilisant les images du Cantique des cantiques?

Je mentionnerai aussi, en passant, que pas plus aux juifs «libéraux» qu'étaient les Reinherz, qu'aux juifs pratiquants qu'étaient les Weill, pas plus à Selma la rebelle éprise d'opéra, qu'à Bernard le médecin athée aux idées progressistes, il ne serait venu un instant à l'esprit d'épouser un ou une goï, quelqu'un qui n'aurait pas été juif, ni de se passer des services d'un rabbin pour la cérémonie du mariage!

J'ai trouvé, dans plus d'un savant article sur ma tante, que l'on expliquait son violent rejet de tout ce qui était juif par son premier contact, très jeune, avec le judaïsme oppressant – propre à terrifier à jamais une enfant sensible – de sa grand-mère paternelle. J'ai appris avec stupéfaction que mon arrière-grand-mère Eugénie avait traumatisé la petite Simone par sa piété «rigoriste» et «rébarbative». Avec stupéfaction, oui, car enfin les commandements auxquels était astreinte Eugénie (qui était femme, et vieille) ne risquaient pas d'être très envahissants. Elle se lavait sûrement les mains avant de manger. Le docteur Weil et sa famille aussi, et de façon assez obsessionnelle.

Simone aurait été traumatisée parce que sa grand-mère ne prenait pas son sac ni son parapluie quand elle se promenait le samedi? Parce qu'elle ne mangeait pas de porc? Pas de crevettes?

C'est à mourir de rire. On a interrogé ma grand-mère, et l'on a pris pour argent comptant les paroles d'une bru qui n'avait pas aimé sa belle-mère. Et qui, j'en suis convaincue, gardait quelque chose de sa rébellion d'adolescente contre ses propres parents.

Car j'avais depuis longtemps entendu tout autre chose, moi, au sujet de la triste et tendre Eugénie, cette vieille dame esseulée qui s'est toujours sentie étrangère à Paris, parlait

mal le français, et que son fils préféré – mon grand-père –
délaissait, ou voyait seul, en passant, à la hâte, à cause de
l'antipathie de son épouse pour sa belle-mère. Cette aïeule
très douce qui ne demandait qu'à adorer la petite qu'elle
appelait *Simonele* et aussi, bien sûr, le garçon qu'elle appelait parfois *Avromele*, car André portait le nom de son mari,
le grand-père alsacien, Abraham Weill.

Rêvons. Si Selma avait emmené les enfants manger les
mazzot et la carpe farcie (recette garantie ancestrale) de leur
grand-mère, si Simone avait eu de charmants et tendres souvenirs des repas de *Pesach* chez sa «mémère Eugénie»? Si…?
Rêvons, oui, pourquoi pas?

La beauté d'Euclide

Dans un des cahiers de Simone, je lis :

> L'axiomatique des mathématiciens modernes :
> qu'est-ce qu'ils veulent ? Ils font des mathématiques
> sans en connaître l'usage.
> (Demander à A. : éprouve-t-il plaisir de la réussite,
> ou joie esthétique ?)

Je lis cette phrase, suivie de la question entre parenthèses, et soudain, sans tout de suite comprendre pourquoi, je me sens bien. Ces parenthèses, peu remarquables par elles-mêmes, abritent une petite réunion de famille ! Ma famille ! Je me moque éperdument de l'axiomatique des mathématiciens, mais j'éprouve un plaisir très intime, comme quand j'écoutais les conversations de mon père avec ses collègues, conversations auxquelles je ne comprenais rien, et qui cependant me remplissaient d'un sentiment de sécurité. Les discussions dans cet étrange langage des mathématiques structuraient l'espace au milieu duquel je respirais et rêvais, autant que le crépitement de la machine à écrire d'André, autant que les murs et le toit qui me protégeaient de la pluie.

Simone n'a sûrement pas oublié de poser sa question à son frère. Peut-être un jour où ils déjeunaient ensemble chez leurs parents.

Le quatuor Weil est à table, dans l'immense cuisine de

la rue Auguste-Comte, au lourd mobilier flamand apporté d'Anvers. Il règne une bonne chaleur, la fenêtre est grande ouverte sur la cour tout ensoleillée, où les martinets affolés par le printemps se lancent dans le vide puis remontent vers le ciel en de bruyantes arabesques. Les voix emplissent la cuisine au haut plafond, ces voix Weil un peu métalliques, au débit plutôt lent, aux accents appuyés : on a l'impression qu'ils déclament des tragédies grecques ou de la poésie allemande, avec un *h* aspiré, surtout Mime, cette aspiration que, moqueuse et irrévérencieuse, je me suis plus d'une fois amusée à imiter. Biri écoute avec intérêt, hoche la tête. Je me demande ce que Mime leur sert à manger. Une choucroute, probablement. La famille Weil aimait la choucroute. Je veux croire que Simone ne refuse pas de boire avec son frère un verre de vin d'Alsace, ce jour-là. Ils sont de bonne humeur.

Je suis avec eux, je me sers un deuxième verre de riesling. Simone, accoudée à la table, les mains un peu recroquevillées, dans un geste qui lui est habituel, attend la réponse à sa question.

Que répond André à sa sœur, ce jour-là ? Je crois qu'il répond que les mathématiques ne sont pas une science, mais un art.

Il parle de la beauté qui se trouve dans les mathématiques, à commencer par celles d'Euclide et d'Archimède. Il dit qu'il a toujours aimé les nombres et les formes à cause de leur beauté.

Peut-être s'arrête-t-il là. Toute sa vie, André a montré une immense pudeur dans l'expression des sentiments personnels. Il parlait de façon détournée, citant les grands auteurs. (Le lendemain de la mort de ma mère, il me demandera : « Tu sais, la page des *Mémoires* de Saint-Simon, qui est coupée en deux par une rangée de larmes ? » Je lui ai répondu : « Oui, André, je sais. – Eh bien, je pense à cette page. »)

Le jour du déjeuner avec Simone, il aura sûrement parlé à sa sœur d'une célèbre page de Poincaré, où celui-ci évoque un certain état d'exaltation qui le mena à la découverte des fonctions fuchsiennes.

Peut-être lui dit-il déjà ce qu'il écrira plus tard, que «tout mathématicien digne de ce nom a connu, parfois seulement à de rares intervalles, ces états d'exaltation lucide où les pensées s'enchaînent par miracle, et où l'inconscient (quel que soit le sens qu'on attache à ce mot) paraît aussi avoir sa part».

Il lui aura sûrement parlé de Gauss qui disait, paraît-il, «*procreare jucundum*» (engendrer est un plaisir), tout en ajoutant «*sed parturire molestum*» (mais accoucher est une peine).

Est-ce qu'il dit aussi à sa virginale sœur ce qu'il dira plus tard, et plus d'une fois, que le plaisir de sentir les pensées s'enchaîner par miracle, et couler d'elles-mêmes, est supérieur au plaisir sexuel puisqu'il peut durer plusieurs heures, voire plusieurs jours?

Pourquoi pas. On peut tout lui dire, à cette Simone qui semble parfois se considérer comme un homme!

Pour ce qui est de la «réussite» évoquée par sa sœur, j'imagine très bien André répondant sérieusement, et en appuyant sur chaque mot, ce qu'il me répondait, à moi, quand, étudiante, je m'interrogeais sur mon avenir et lui demandais son opinion, qu'il pensait avoir eu la chance inestimable d'éprouver une passion.

(Il n'en avait pas éprouvé qu'une! À huit ans, il se passionnait pour... le croquet! «André joue au croquet du matin au soir et, pour l'instant, rien d'autre ne l'intéresse... Que cet enfant est donc passionné! Et pourvu qu'il ne se passionne que pour de bonnes choses!» écrivait ma grand-mère pendant l'été 1914. André avait alors huit ans. Un mois plus tard, c'était: «Une véritable passion pour la géométrie.»)

– Éprouver une passion et que cette passion vous permette de gagner votre vie, c'est ce que l'on peut espérer de mieux en ce bas monde.

Voilà ce que me disait mon père.

Une vraie relique ?

Le tibia de la sainte ? Voyez-vous ça ! Et puis quoi, encore ?

Bon, je le sais bien que je ne suis pas un vrai tibia. Même si des gens incompétents me traitent par moments comme un tibia, je ne suis pas l'un des vrais os de la sainte. Ni même un fragment d'os ou un morceau de son voile, de sa ceinture, de sa sandale. Certes, elle m'a touchée, m'a tenue dans ses bras, m'a donné mon biberon. Cela devrait valoir le contact de la sandale avec le pied d'une sainte. Mais, en vérité, il n'en est rien. J'ai réfléchi à cette histoire de tibia et je suis arrivée à la conclusion qu'en écrivant que «le tibia lui-même ils s'en foutent complètement», je me trompais. Un vrai tibia, ou même un fragment d'un vrai tibia, on ne s'en fout pas. Je tenais à rétablir la vérité.

J'éprouve donc un certain nombre des inconvénients de la condition de relique, sans jouir des principaux avantages. Vraie relique, on ne se contenterait pas de me cajoler quelques minutes, de me toucher les cheveux ou d'émettre des petits sanglots de joie en me contemplant, pour ensuite me laisser tomber comme un vieux chiffon. Un tibia n'est pas un vieux chiffon, on ne le laisse pas tomber, on a bien trop peur qu'il ne s'effrite, ou qu'il ne se fâche. Vraie relique, je jouirais d'une importance et d'une visibilité permanentes. Le vrai tibia est quelque chose. Le faux tibia, non. Ou du moins pas dans la durée. La preuve, c'est qu'après s'être presque évanouie de joie en apprenant qu'elle venait de passer un moment en face de la nièce de Simone Weil, la romancière américaine ne s'est plus occupée de moi, sinon pour me serrer longuement la main, en fin de soirée. Ce que je pouvais avoir à raconter ne l'intéressait en aucune façon.

Or, et c'est là que le bât blesse, il m'arrive d'avoir envie de parler. Une relique ne parle pas. Une relique n'a pas d'intériorité, elle est vide, elle est tout entière relique, résumé, succédané, substitut de l'objet révéré, de la vraie croix, du corps du saint, de la sainte. Moi, j'ai voulu exister par moi-même. Courageux, oui, d'une certaine façon, mais cela a fait de moi une fausse relique.

Une vraie relique ne déçoit jamais : elle guérit les malades, cicatrise les plaies, assure la victoire et fait parfois tomber la pluie. Si elle n'accorde pas aujourd'hui la guérison, la victoire, le miracle escompté, on la supplie – parfois on la menace – et on garde l'espoir que, tôt ou tard, elle finira par s'exécuter. Mais on ne la laisse pas tomber. On la soigne, on la chouchoute, on la préserve, on l'abrite dans une statue ou dans une châsse incrustée de pierres précieuses, et il ne viendrait à personne l'idée de lui tourner impoliment le dos.

Tandis que moi…

Moi, je déçois forcément. Passé le premier moment d'émotion devant mes yeux myopes derrière leurs lunettes, ma bouche et mes cheveux qui « ressemblent tant aux siens », la désillusion est grande ! Je ne connais même pas l'œuvre de ma tante par cœur. Je ne peux donc pas terminer les citations que l'on me tend comme des offrandes, dans l'espoir d'une véritable communion, d'un bain, d'une immersion totale. Combien de gens me regardent alors avec une déception non dissimulée, un étonnement attristé.

Quand je suis transparente aux yeux de certains, ce n'est pourtant pas moi qui ne suis pas là, mais eux qui ne voient pas, n'entendent pas. Eux qui rêvent à Simone en me voyant, eux qui me la lancent, accompagnée de tout son bagage, comme prélude à leurs remarques sur moi, eux qui ajoutent inévitablement «aussi», sur un ton appuyé, quand ils me parlent, par hasard, de quelque chose que j'ai fait. Quant à moi, par mes exigences pourtant modestes, je leur complique la vie. Ce serait si bien si je pouvais rester tibia, si l'on pouvait se contenter, avec moi, de communier dans Simone Weil.

La vraie relique est une présence, tandis que moi, du point de vue des fidèles (et parfois même d'indifférents, car il y a une espèce de contagion), je suis une absence. Mon propre est de ne pas être. De ne pas être Simone.

Invitée à participer à un entretien, à une table ronde, ou à donner une conférence sur un sujet n'ayant rigoureusement rien à voir avec les domaines qui étaient ceux de Simone, disons les romans que j'ai écrits sur la famille de Rachi, le grand commentateur talmudique du xie siècle, rien à voir avec Simone, tout le monde est bien d'accord, eh bien, n'empêche, ça ne loupe pas, on me présente… «Simone Weil, oh, pardon, excusez-moi, je voulais dire…» C'est ainsi que mon intervention, ma conférence, débutent par ce que je ne suis pas : je ne suis pas ma tante. J'ai mis au point un certain nombre de réactions possibles, suivant le contexte et mon humeur ; moue légèrement agacée, petit sourire gentiment moqueur : «Je savais que cela se produirait», ou indulgent : «Tout le monde peut se tromper, et votre erreur est tellement naturelle», ou encore un grand sourire charmeur : «Vous allez voir comme vous allez m'aimer, moi».

Mes parents auraient pu me nommer Françoise ou Martine. Est-ce que ça aurait changé quelque chose ? Quand j'étais adolescente, j'ai rêvé un temps de m'appeler Gwendolyn. Gwendolyn Weil aurait eu un tout autre destin. Elle ne serait pas devenue tibia, vrai ou faux, elle aurait fait le tour du monde en catamaran, ou se serait illustrée dans le domaine de la parfumerie.

Il y a quelques années, j'ai écrit une pièce qui a été jouée avec un certain succès, et publiée. Au cours d'un déjeuner parisien, quelques jours après une nouvelle mise en espace de cette pièce au théâtre de la Huchette, j'écoutais avec plaisir les compliments que me faisait l'une des convives, «excellent théâtre, tellement touchant, intéressant, il faut absolument que cette pièce soit représentée, que les gens la voient» ... Je réponds, toute contente, mais je remarque aussitôt la mine perplexe de mon interlocutrice. Je lui demande si nous parlons bien de ma pièce, et elle : «Mais non! De la *Venise sauvée* de Simone!»

Je suis également une habituée des conversations qui se terminent en queue de poisson.

Exemple. On me téléphone : une voix d'homme, très aimable, très chaleureuse. La voix désire publier un texte de ma tante. Nous parlons de théâtre, je ne sais comment c'est venu, il paraît que la voix s'occupe activement de théâtre. Je dis, en souriant dans le récepteur, avec modestie, mais aussi avec un espoir assez compréhensible, que j'aimerais lui envoyer ma pièce qui l'intéresserait peut-être.

La voix, très enthousiaste, que dis-je, gourmande : Aaaaaah? Une pièce inédite de Simone Weil?

Moi : Non. Une pièce publiée de Sylvie Weil. Moi.

La voix : Ah.

Plus que bref. Un courant d'air glacial a fait claquer une porte qui nous sépare désormais, la voix et moi. La conversation se termine très vite, après que j'ai promis mon autorisation de reproduire une page, un paragraphe, une phrase de ma tante. Remerciements hâtifs, et au revoir madame.

Si le faux tibia tenait un blog, il verserait sur des milliers d'écrans compatissants tous ses petits déboires de chose transparente, invisible. Il afficherait sa complainte de tibia décalcifié.

Il y aurait des gens, bien entendu, pour lui répondre vertement – c'est la loi du blog – que s'il est transparent, c'est qu'il ne vaut pas grand-chose par lui-même, et qu'il devrait déjà être trop content de bénéficier de son statut de relique, vraie ou fausse, statut qui lui confère indéniablement une certaine importance, et de ne pas emmerder le monde avec ses pleurnicheries et ses risibles sursauts de fierté blessée.

Ils auraient sans doute raison.

Quoique…

Tchou-tchou

– Quand j'étais jeune, on entendait le bruit du petit train des Halles, la nuit. Un bruit confortable, pas assez fort pour vous réveiller mais, si on ne dormait pas, c'était quelque chose d'agréable et de tranquille. Comme ça : «tchou-tchou».

André prend sa voix de fausset pour dire : «Tchou-tchou», comme quand il nous lit une pièce de Molière et qu'il change de ton pour faire l'ingénue.

J'aurais aimé le Paris d'André. J'aurais aimé la nuit ainsi ponctuée d'un chuintement paisible et régulier. Je me serais dit «tiens, le train des Halles qui passe», et je me serais rendormie. Je suis surprise et émue que mon père me confie un pareil souvenir, qu'il prenne plaisir à évoquer ce genre de détails. Je l'imagine toujours préoccupé de pensées mille fois trop compliquées pour moi, ou rêvant à des splendeurs lointaines et pour moi inaccessibles. Mais ce soir, le petit train des Halles. Et André, mince, énergique, en bras de chemise, les cheveux au vent, le dos appuyé à la balustrade du balcon du septième étage, rue Auguste-Comte, sur fond de coupole du Panthéon. Derrière les lunettes, les yeux bruns sont interrogateurs. Du moins c'est l'impression qu'ils donnent assez souvent, peut-être parce qu'il est tellement myope. Un regard qui ne se contente pas de se poser mais qui insiste, sans doute parce qu'il ne voit pas.

Fière mais tendue, je me demande ce que je vais bien

pouvoir trouver à dire, à mon tour, qui intéresserait mon père, tandis que s'effrange, depuis le Panthéon jusqu'à la tour Saint-Jacques, un long nuage rose comme un rouleau de barbe à papa, alors que derrière la tour Eiffel le ciel est déjà noir. Ma sœur fait ses devoirs sur la table de la salle à manger qui est aussi le salon et la chambre de mes parents. Les immeubles du boulevard, la coupole du Panthéon, se réfléchissent dans la baie vitrée, comme une ville méditerranéenne, lumineuse, blanc et rose, si réelle que c'est la petite fille penchée sur son cahier qui semble n'être qu'un reflet, et la table où elle s'accoude paraît suspendue dans les airs, à la hauteur des toits, prête à disparaître avec les derniers rayons du soleil.

Tu veux venir avec moi?

Lorsque mon père me téléphone pour me dire qu'il s'emmerde, j'aimerais tant pouvoir lui proposer une distraction. Si je savais où le joindre, je le rappellerais très vite, sans me laisser décourager par le fait qu'il a raccroché plutôt sèchement, la dernière fois, et je lui proposerais une promenade. Car toujours j'ai marché avec lui. Il me semble, quand j'y pense, que nous avons sillonné la terre entière. Enjambant les océans, d'un continent à l'autre, nous avons tracé sur notre planète de larges arabesques, suivant la route de son exil devenu le mien. Au début, il marchait très vite et j'avais du mal à le suivre. Au début il était si grand! À la fin, bien sûr, il était beaucoup plus petit et nous marchions lentement.

Pourtant, il y eut des promenades manquées, dont j'éprouve à présent un regret tenace. Il y eut des années, durant mon adolescence, où marcher avec André représentait un programme intellectuel qui me paraissait, certains jours, au-dessus de mes forces. Ou du moins contre lequel je me rebellais.

Maintenant je voudrais le rappeler pour lui proposer une de ces promenades que j'ai refusé de faire avec lui. Un dimanche matin, par exemple, un de ces dimanches de printemps où il m'appelle – il est déjà en train d'enfiler sa veste – et lance : «Il y a longtemps que je n'ai plus longé les quais. Tu veux

70

venir avec moi? Nous pourrions pousser jusqu'au Louvre, il y a des Titien que j'aimerais revoir.»

Son «Tu veux venir avec moi?» résonne encore à mes oreilles et me remplit de nostalgie, à présent que je ne suis plus la gamine de quatorze ou quinze ans qui, au moment où elle va se précipiter en criant «Oui, j'arrive, attends-moi!» est soudain saisie d'angoisse: de quoi vais-je bien pouvoir lui parler? Pas question de parler de moi, je ne suis pas un sujet de conversation, pas question de parler de mes copines de classe, ni des jeux avec mes cousins dans les bois de Châtenay-Malabry. Il faut que je trouve quelque chose de rare, d'exceptionnel à lui raconter, il faut que je lui prouve mon intelligence. S'il allait s'ennuyer avec moi?

Ces jours-là, une lâcheté me prenait. Une paresse invincible me rendait la langue molle, je marmonnais: «Non, une autre fois, j'ai un devoir à terminer. – Ah bon!» Il partait seul. Je restais vissée sur mon siège. Je savais que ma mère ne tarderait pas à s'approcher de moi, pour me désespérer un peu plus en me disant: «Tu aurais pu parler à André du roman que tu es en train de lire, tu aurais sûrement réussi à l'intéresser.» Les mots mêmes que je ruminais depuis que la porte s'était refermée sur mon père. De nouveau je marmonnais version grecque, devoir de physique. Elle s'éloignait, mais pas avant d'avoir tiré son dernier trait, la flèche du Parthe: «Il était très déçu.»

Tout en m'inventant une foule de tâches pressantes, je me jurais de lui parler pendant le déjeuner, de combler le précipice creusé par ma paresse, de renouer le lien brisé par ma lâcheté, et de le renouer grâce à ma parole. Une anecdote comme je sais en raconter, avec des observations justes, pittoresques, un peu ironiques, tout ce qu'il aime, je le ferai rire, oui, car il aime rire, et n'est jamais plus beau que lorsque, rejetant la tête en arrière, il éclate d'un grand rire sonore. Il aime que l'on soit amusant. Je l'amuserai.

Aujourd'hui, justement, je l'appellerais et je lui dirais : «Tiens, j'ai vu quelque chose qui te plairait, au jardin du Luxembourg. La gracieuse Laure de Noves est ensevelie dans des feuilles, on en a fait une créature de la forêt, dont seule la tête émerge d'une pyramide de feuilles mortes, c'est très joli.»

Il me rejoindrait et nous irions au Luxembourg.

Nous marcherions à pas rapides, la tête légèrement tendue vers l'avant, profil assez semblable, lunettes perchées sur le nez.

Il y aurait du vent. De gros nuages, lourds de pluies d'automne, fileraient dans le grand ciel plat, de la tour Eiffel jusqu'au Panthéon, pour s'en aller encore beaucoup plus loin, vers la Champagne, et vers l'Alsace de nos aïeux. André me raconterait une fois de plus *Le Nuage Messager*, du poète indien Kâlidâsa, l'histoire du nuage chargé de porter des nouvelles d'un jeune homme à la bien-aimée dont il est cruellement séparé. Ce nuage «beau comme un éléphant escorté par un vol de cigognes» que je continue à chercher et parfois même à trouver dans le ciel, certains jours de grand vent.

Nous évoquerions d'autres promenades, d'autres voyages. Il me demanderait : «Tu gardes un bon souvenir de notre traversée de l'Amérique ? Tu avais douze ans, je crois ?» Je lui dirais oui, et puis je me mettrais à rire.

Il est des souvenirs si merveilleux et si bizarres qu'on se demande si on ne les a pas rêvés. André, le grand, le fameux mathématicien, le très terrifiant et arrogant André Weil, un imperméable jeté sur son pyjama, parcourant sous une pluie fine la cour d'un motel assez minable quelque part dans l'Ouest américain, à la recherche d'un *quarter*, d'une pièce de vingt-cinq *cents*, est l'un de ces souvenirs.

Pour quelle raison mon père, en pyjama, frappait-il désespérément aux portes de ce motel pour quémander une pièce ? Que lui était-il arrivé ?

Il lui était arrivé que, dans l'horrible chambre aux deux lits défoncés et grinçants séparés par un rideau crasseux, sa femme et ses deux filles regardaient un film à la télé. Or celle-ci ne marchait qu'à coups de *quarters*. André a échoué dans sa quête, aucune porte ne s'est ouverte, et nous n'avons jamais su le destin de la belle jeune fille qui n'osait pas avouer à son fiancé qu'elle était en train de devenir sourde et ne pourrait bientôt plus entendre la voix de son bien-aimé sans avoir recours à un encombrant et peu sexy cornet acoustique.

À mon tour je lui demanderais : «Tu te rappelles, à Chicago, le gardien de l'immeuble qui t'avait prédit que tu réussirais dans la vie parce qu'il te voyait taper à la machine tous les soirs, jusqu'à minuit passé, assis à ton bureau près de la fenêtre?»

Lui me répondrait, je le sais, par cette question : «Est-ce que je donnais l'impression de beaucoup travailler?»

Il a toujours mis une certaine coquetterie à produire l'impression exactement inverse, n'ayant que peu d'estime pour les bûcheurs, les forts en thème.

– Tu ne travaillais pas tout le temps. Tu allais au musée, au concert, tu nous emmenais faire de la luge, tu nous apprenais à patiner sur le lac gelé, près de l'université.

S'il accepte cette première invitation, ensuite j'ai tout un stock de promenades à lui proposer. Il n'y a qu'à les déplier et les secouer un peu. Promenades à Paris, au Japon, et enfin à Princeton, aux alentours de l'Institut, où il a été nommé en 1958 et où il est resté jusqu'à la fin de sa vie. Ces dernières promenades ne sont peut-être pas les plus réjouissantes, mais elles font partie du stock, et il n'y a aucune raison de les mépriser, ni de les laisser tomber dans l'oubli. Plus réjouissantes sont les promenades au Brésil, tout au début, ou les promenades d'hiver à Chicago. Les promenades de Chicago se font toujours dans un décor de plein hiver, allez savoir pourquoi, mais c'est ainsi.

Le dimanche matin, nous marchons jusqu'à la tour de la radio. La tour de la radio, à São Paulo, c'est le bout du monde. Elle se dresse, toute seule sur une colline, construction en métal, assez simple et un peu rouillée, à travers laquelle souffle le vent.

Nous marchons à larges enjambées dans l'herbe haute. Lui, il est grand. Moi, je suis petite, je dois avoir quatre ans. Je cours et bondis à ses côtés, levant mes pieds chaussés de bottes à cause des serpents. Nous sommes seuls sous le ciel immense, je ne vois autour de moi que l'herbe penchée par des rafales de vent et, quand je lève la tête, les nuages filant à toute allure.

Arrivés au sommet, nous nous amusons à regarder les maisons, si petites, si loin, là-bas, tout en bas. Puis nous entamons la descente.

Mais voilà qu'André lève les deux bras dans un geste de désespoir comique et théâtral, et s'écrie :

– Ah, quel malheur ! Nous sommes perdus, nous sommes perdus, je ne me rappelle plus le chemin de la maison !

Je ris aux éclats, je frissonne de plaisir. Si c'était vrai ? De toute façon, rien à craindre, je suis avec mon père, il est grand, resplendissant de beauté, en bras de chemise, col ouvert, cheveux noirs soulevés par le vent. Perdus ! Il n'y a que le ciel immense, les gros nuages de plus en plus sombres, l'herbe dans laquelle siffle le vent. Et nous.

Mais voilà que le tonnerre gronde. Loin d'abord. Un peu plus proche. Je sais d'avance ce que va dire André. Peut-être même que je le dis avant lui :

– C'est Zeus. Il n'est pas content. Héra a encore dû lui jouer un tour.

Je sais, bien sûr, qu'Héra est la femme de Zeus, et qu'elle passe son temps à lui jouer des tours.

– Donne-moi la main ! ordonne mon père.

Nous courons à en perdre haleine. Tête renversée, je me

laisse entraîner, vite, plus vite, à peine si je touche terre, les hautes herbes me chatouillent les bras et les cuisses, la tempête siffle dans mes cheveux. Je vais m'envoler.

Un éclair strie le ciel devenu noir. Un autre. Le tonnerre retentit.

– Tu entends ? Zeus s'énerve !

Nous dévalons la pente, nous ne sommes plus perdus, nous allons retrouver le chemin de la maison, la rue bordée d'arbres, la barrière du jardin, la *casinha*, le mimosa. Encore quelques pas, floc, des gouttes s'écrasent sur mon nez.

Ouvrir la porte, traverser le jardin, constater au passage que des escadrons de grosses chenilles verdâtres et gluantes grimpent très lentement au tronc du mimosa, cueillir une capucine, entrer sous le porche. Sauvés.

Zeus peut bien brandir sa foudre, il ne nous aura pas.

De larges et longues avenues où s'engouffre un vent si violent qu'il vous en coupe le souffle, un vent si froid que les larmes qu'il vous arrache gèlent aussitôt sur vos joues. Pas question de s'arrêter, ni même de ralentir, on risquerait d'être transformé en statue de glace. Les voitures sont ensevelies sous la neige, grosses boursouflures blanches tout le long des trottoirs. Chicago.

Les lourdes bottes ralentissent la marche et pourtant il faut courir, courir pour rester à côté de mon père, dont les jambes sont tellement plus longues que les miennes, et qui avance extraordinairement vite, dans son grand manteau sombre, tête baissée, épaules courbées contre le vent. Ses pas font craquer la mince pellicule de glace à la surface de la neige. Il porte un curieux couvre-chef dont il est assez fier, d'un gris métallique, avec des oreilles qui se rabattent. Il ressemble à un pilote des temps héroïques de l'aviation. La goutte au nez, ou plutôt une petite stalactite de glace à chaque narine, il me prévient :

– Attention, couvre bien tes oreilles, si elles gèlent, elles tombent par terre. Si tu entends un petit bruit sec, clac, quelque chose qui tombe sur le verglas, regarde bien, ça risque d'être une de tes oreilles. Il faut vite la ramasser pour qu'on puisse te la recoller. Remarque, on peut toujours t'en mettre une fausse.

Je plaque mes mains, enfermées dans mes grosses moufles, sur mes oreilles, par-dessus mon bonnet de laine, mais alors c'est mon nez qui risque de tomber. Est-ce que je l'entendrai tomber ? Est-ce que je le trouverai, pauvre petit glaçon rosâtre perdu dans la neige ? Pas rassurée, je cache mon visage dans mon écharpe.

Nous courons jusqu'au musée, où nous allons rendre visite aux momies noires et maigres, qui dorment dans leurs sarcophages colorés, à moitié dépiautées, une partie de leurs bandelettes déroulées. D'autres fois, nous courons jusqu'à l'université, pour contempler les photos des astres, des éclipses de la Lune et du Soleil. Mon père monte les marches quatre à quatre. Des étudiants, de jeunes collègues emmitouflés dans leurs parkas le saluent, admiratifs : « *Hello, professor !* » Ils me sourient. J'en connais plusieurs, qui viennent parfois chez nous. C'est moi qui leur ouvre la porte, et c'est à moi, bien que je n'aie pas plus de huit ou neuf ans, qu'ils demandent si ça ne m'ennuie pas d'aller dans le bureau du « *professor* » lui montrer mon devoir de calcul, par exemple. Je suis le thermomètre de l'humeur du maître. Eux, ils restent dans l'entrée, sur laquelle donne le bureau de mon père. Aux premiers éclats de voix, ils s'éclipsent. Je ne les retrouve plus. Si tout se passe bien, si je ne me fais pas traiter d'idiote, ils me succèdent dans l'antre du génie. Je suis fière de mon rôle d'éclaireur.

Mes doigts de pied, à moitié gelés, me font horriblement mal, et pourtant il faut courir, courir pour ne pas me laisser distancer par André, dont je n'imagine pas une seconde qu'il a, lui aussi, les pieds engourdis et les orteils douloureux. Mon père est invincible.

Un génie bicéphale

Le génie était bicéphale. Mon père avait un double, un double féminin, un double mort, un double fantôme. Car, oui, en plus d'être une sainte, ma tante était un double de mon père à qui elle ressemblait comme une jumelle. Double omniprésent, comme seul peut l'être un fantôme qui n'a plus rien d'autre à faire. Qui ne milite plus, n'enseigne plus, ne part plus faire la guerre en Espagne, n'a plus d'étonnantes rencontres avec le Christ, et cependant fait tout cela tout le temps, sans relâche, bien mieux que ne le font les vivants.

Un double terrifiant pour moi, puisque je lui ressemblais tant. Je ressemblais au double de mon père.

Ce double féminin me parlait par la voix de mon père. André parfois mimait Simone. Il n'avait pas besoin de se forcer, tant lui venait naturellement, à lui aussi, ce petit sourire de travers que je voyais à Simone sur les photos. Ce sourire à la fois ironique et fier qu'elle a sur les photos d'Espagne, par exemple, où elle arbore sa combinaison de mécano, avec les initiales CNT (Confederación Nacional del Trabajo) sur la poche. André avait également cette façon de parler un peu lente, un peu monocorde, mais insistante, si souvent évoquée par ceux qui ont connu Simone.

– Tu sais ce que ma sœur t'aurait dit ? demandait-il.

Pour enchaîner tout de suite :

– Elle t'aurait dit...

Il relevait fièrement la tête. Ses yeux brillaient derrière les lunettes. Ainsi devaient briller les yeux de sa sœur, et lancer le même éclair malicieux.

– «En Espagne, j'en ai fait fusiller plus d'un pour moins que ça!» Voilà ce qu'elle t'aurait dit.

– Mais elle n'a jamais fusillé personne.

– Non.

Tout de même, j'étais impressionnée. Simone aurait pu faire fusiller quelqu'un!

André aimait à citer sa sœur. Il commençait ainsi: «Ma sœur avait l'habitude de dire...»

C'était presque toujours quelque chose d'ironique:

– Elle disait, par exemple: «Toi, dans ta prochaine vie, tu seras une mouche.»

Tout ce qu'elle avait dit paraissait important.

André ne décrivait pas sa sœur comme une femme. Il disait «ma sœur» du ton dont il aurait dit «mon frère». Ce ton est difficile à définir. Il ne parlait pas d'elle comme on parle d'une femme. Du reste, nous connaissions les lettres de Simone à sa mère, qu'elle avait signées «ton fils Simon».

Et à ce fils Simon, ce jumeau de mon père, il ne fallait pas toucher. Il m'est arrivé un jour, après avoir lu certaines pages des cahiers de ma tante, de dire à André qu'elle me paraissait avoir eu de grands moments de tristesse. La réponse fut cinglante:

– Qu'est-ce que tu racontes? Elle a toujours été très gaie!

Une fois, une seule, vers quinze ans, je me suis révoltée. Nous étions à table, au septième étage de la rue Auguste-Comte. Je ne sais plus de quoi nous parlions. Sans doute, forte de mes toutes nouvelles convictions voltairiennes, avais-je déclaré d'un ton péremptoire que je ne comprenais pas que Simone ait consacré tant d'énergie à des balivernes. Sans doute la réponse d'André – que je disais n'importe quoi, tandis que Simone… – m'avait-elle vexée. Toujours est-il que j'ai crié à mon père :

– Ta sœur était folle ! Elle avait des visions !

Pour être aussitôt effrayée par mes propres paroles. Mais André avait déjà quitté la table, sans dire un mot.

Ma mère me disait souvent que c'était une chance pour moi que Simone soit morte.

Je la croyais.

Les biographes de ma tante citent plusieurs occasions où Simone a pleuré en présence d'amis. Pour moi, cela a été une grande surprise. Elle, que mon père nous représentait toujours forte et moqueuse, elle pleurait ? Le double de mon père, ce double si macho, pleurait ? Je ne réussissais pas à l'imaginer. Je ne la voyais pas vraiment comme une fille.

Il me semblait que si jamais le fameux «Je suis une force qui va !» s'était appliqué à quelqu'un, depuis *Hernani*, c'était bien à André et Simone. Tous deux avaient été emplis du sens de leur mission sur terre. L'un c'était les maths et un immense appétit pour la vie, l'autre un programme beaucoup plus compliqué qui l'avait conduite à une mort voulue. Ils étaient toujours allés de l'avant, sans le moindre égard pour leur entourage. L'entourage, à commencer par la famille, avait dû s'adapter.

Dans la vie quotidienne, ce sens de leur mission et de ce que le monde leur devait ou ne leur devait pas, se traduisait par une arrogance assez formidable. Il y a un mot hébreu pour désigner ce genre de culot. C'est la *hutzpah*. Simone et André, c'étaient les deux faces d'une même médaille. Même *hutzpah*. La *hutzpah* Weil.

– À rien ! Cela ne sert à rien ! lançait fièrement et insolemment mon père lorsqu'un imprudent, ou plus souvent une imprudente, lui demandait à quoi servait son travail.

Mais il devait avouer un jour à un ami qu'il pensait que

sa sœur lui avait été bien supérieure. «Moi, je n'ai été qu'un mathématicien.»

Cette inutilité des mathématiques, Simone y songe aussi avec, peut-être, une nuance de mépris pour les mathématiciens, lorsqu'elle écrit :

> Le mathématicien vit dans un univers à part dont les objets sont des signes. Le rapport de signe à signifié périt ; le jeu des échanges entre signes se développe par lui-même et pour lui-même.

Ce qui ne l'a pas empêchée d'admirer follement son frère, et même de le jalouser comme ayant accès à une forme de vérité pure. Elle s'est donné beaucoup de mal pour arriver à certaines connaissances mathématiques, couvrant des pages et des pages de ses cahiers d'opérations et de figures, et assistant, au côté d'André, aux congrès Bourbaki : une photo montre tout le groupe assis dans des fauteuils de jardin, dans la propriété des Chevalley. Ils sont jeunes, ils rient, André agite une grosse cloche au-dessus de leurs têtes. Seule Simone se penche studieusement sur ses notes.

Simone, férue d'humilité, considérait que le monde ne lui devait rien, ou plutôt lui devait privations et inconfort. Refusant systématiquement qu'on lui donne une chambre avec un lit, elle exigeait, où qu'elle soit, de dormir à même le sol, parfois dans la salle à manger ou dans la cuisine. Ses malheureux hôtes, se sentant à la fois impuissants et coupables devant cette fille toute maigre couchée par terre comme un chien, s'employaient bien sûr à glisser discrètement des couvertures sous son sac de couchage. Leur cuisine ou leur salle à manger était bientôt envahie par les livres, les papiers, les cigarettes de Simone.

Ç'aurait été tellement plus charitable de la part de Simone de se mettre sans faire d'histoires dans la chambre qu'on lui avait préparée ! J'ai souvent pensé que ma tante devait avoir un charme fou pour que ses amis cèdent ainsi à ses exigences les plus saugrenues et incommodes. Certains ont parlé d'ascendant. C'est le mot que j'ai entendu employer pour décrire mon père. Simone et André s'imposaient. En imposaient.

André avait des exigences diamétralement opposées à celles de sa sœur. Ce qui, pour les hôtes, était tout aussi pratique ! Arrivant chez des amis, à la campagne ou dans une ville étrangère, André, qui n'avait aucune humilité, considérait que le monde lui devait la chambre la plus confortable, et surtout celle jouissant de la plus belle vue. Il ne cachait pas son mécontentement si la seule chambre libre était une chambre moche donnant sur la cour ou sur un parking.

J'ai vu André exiger, avec succès, que l'on ouvre pour lui des salles de musée fermées au public. Je l'ai vu, moins glorieusement, piétiner, ou presque, des vieilles dames pour prendre d'assaut une place au premier rang d'un théâtre.

Je me souviens d'un été en Yougoslavie, j'avais quatorze ans. Nous avons parcouru la côte en bateau, avec plusieurs escales. À chaque port, seuls les premiers embarqués trouvaient des places assises sur le pont. Mon père avait mis au point une technique très efficace, qu'il appelait la charge des hoplites, et qui consistait à balancer énergiquement et sans pitié nos valises pour nous frayer un chemin dans la foule !

Durant mon adolescence, il n'a évidemment jamais été question de me donner comme modèle à suivre, ainsi que cela se fait souvent dans les familles, une «conduite exemplaire» et forcément mythique de ma défunte tante. C'est que mes plaisanteries de lycéenne, et les petits chahuts très ordinaires que j'organisais parfois, n'étaient que de pâles exploits comparés aux «canulars» de la trollesse, canulars qui avaient toujours rempli sa mère et son frère d'admiration. (J'ignore les sentiments de mon grand-père, il s'est assez peu exprimé par écrit à ce sujet.)

Je pouvais donc fièrement raconter mes heurts avec surveillantes et professeurs. Les zéros de conduite qui, certaines années, pleuvaient sur moi, ne m'ont jamais valu le moindre reproche. Mon père trouvait tout naturel que je sois moqueuse et insolente. Tant pis pour le professeur qui n'avait pas su gagner mon respect. C'était la *hutzpah* Weil, j'avais de qui tenir. Il m'avertissait cependant :

– Fais attention, ma fille, si tu vas trop loin, ces bonnes femmes te rendront la vie impossible. Il faut toujours mesurer les risques.

Ressembler à la sœur si forte et cependant, au dire d'André, prisonnière d'une mère omniprésente et trop protectrice, avait ses bons côtés. Un été où je séjournais en Bretagne avec mes parents, il était prévu que j'irais ensuite rejoindre une tante et des cousins dans la Creuse. Il y avait trois changements de train. Quinze jours à l'avance, André a écrit à chacun des trois chefs de gare, expliquant que sa fille de treize ans voyageait seule, et demandant que l'on s'occupe de moi. Tous trois ont répondu qu'ils m'attendraient personnellement. Ils m'attendaient, en effet. Et moi, à chaque gare, à peine le train arrêté, je sautais sur le quai puis, me gardant bien de signaler ma présence, je filais toute seule vers ma correspondance. Quand, de retour à Paris, j'ai raconté cela à André, il a paru très satisfait.

– J'ai fait mon devoir de père. Tu as fait ton devoir de fille.

Personne n'a jamais pu accuser André ni Simone d'hypocrisie ni même d'un excès de courtoisie. Tous deux ignoraient l'art des paroles aimables, des petits compliments qui facilitent tant les rapports avec autrui. Tous deux étaient incapables d'afficher des sentiments qu'ils n'éprouvaient pas. Simone, à qui un vieux paysan, père de l'un de ses amis, récitait fièrement un poème assez pompier, n'hésita pas à lui dire que c'était idiot. Pour elle, ce genre de sincérité faisait partie du devoir d'amitié. (Peut-être tenait-elle cela de sa grand-mère Hermine Reinherz, à qui Selma jeune fille écrivait : « Drôle d'idée tout de même, de vouloir qu'on trouve plaisir aux reproches et qu'on fuie comme la peste les compliments, comme c'est ton idéal. »)

Pour André, cette sincérité ne faisait pas partie d'un système, mais le résultat était le même.

Un soir où mes parents assistaient à un concert, il y eut soudain un peu d'agitation au premier rang, non loin d'eux. L'orchestre arrête de jouer, des brancardiers font leur entrée, soulèvent un homme effondré sur son siège, l'allongent sur la civière et l'emportent. Une femme suit le brancard. Le concert reprend. Quelques personnes chuchotent. André leur lance un furieux « Silence ! ». L'une d'elles se retourne, indignée : « Vous n'avez pas vu ? Le monsieur était mort ! » Réplique d'André : « Et alors ? Il y a bien pire que de mourir en écoutant du Mozart. »

Ces paroles, d'une brutalité insupportable si l'on applique les critères de la politesse usuelle, reflétaient en vérité un profond désir d'André : celui, justement, de mourir en écoutant du Mozart. Il m'a souvent fait part de ce souhait qui, en fin de compte – et j'en garde encore une grande tristesse –, n'a pu être exaucé.

Ce qui me console cependant, c'est la voix d'André, me répétant ce qu'il m'a dit au moins cent fois, et même déjà lorsque, petite, je lui confiais l'un de mes chagrins d'enfant :

– Ma pauvre fille, que cela te serve de leçon ! Tu n'as donc pas encore compris qu'il n'y a aucune justice en ce monde ?

Portrait de famille

J'ai retrouvé dans mes papiers un portrait de famille. Quatre personnes y sont représentées. Eveline, Selma, Simone, et Bernard. Ma mère, ma grand-mère, ma tante, et mon grand-père. C'est un portrait d'un genre un peu particulier. Il n'y a pas de visages, pas de sourires, pas de «Regarde les robes qu'on portait à l'époque», ni de «Quand même, ce qu'ils se ressemblaient ces deux-là!». Rien de tout cela. C'est une photo de famille *écrite*. Une petite feuille de papier où figurent quatre phrases, quatre écritures.

D'habitude le personnage qui ne paraît pas sur la photo est celui qui la prend. Là, personne ne prend rien du tout, mais quelqu'un reçoit. Le personnage qui ne paraît pas, c'est André. André est celui qui recevra le billet. Mais entre le moment où la «photo» est «prise» et celui où André la reçoit, un cinquième personnage est venu se joindre au groupe familial : un grossier zigzag au crayon bleu foncé. C'est pourquoi je pense qu'il s'agit du début février 1940, lorsque mon père est en prison au Havre. (N'ayant pas répondu à l'appel en septembre 1939, il a été arrêté à Helsinki, accusé d'être un espion russe, condamné à être fusillé, mais pas fusillé, transféré en Suède, puis au Danemark, puis en Angleterre, pour être enfin ramené en France, fin janvier 1940. Il a raconté ses aventures dans ses *Souvenirs d'apprentissage*.)

Le zigzag qui balafre sans la moindre délicatesse la phrase

représentant ma mère est le paraphe du gardien-chef, ou bien du directeur de la prison du Havre. Il est différent des paraphes qui ornent les lettres que mon père recevra une fois transféré à la maison d'arrêt de Rouen.

Où donc la famille Weil pose-t-elle pour ce joli portrait, à présent entre mes mains? Quel paysage leur sert de toile de fond, par une froide journée de ce premier hiver de guerre?

Je les ai d'abord imaginés autour de la table de la cuisine, rue Auguste-Comte, Mime leur servant quelque chose de chaud pour les réconforter. Mais, à y réfléchir, je crois que je me trompais. De la cuisine de la rue AC, comme nous l'avons toujours appelée, les quatre personnages figurant sur mon portrait de famille auront tout le loisir d'écrire de longues lettres à leur cher prisonnier. Ce mot-là est écrit à la hâte et dans l'urgence.

Le lendemain de son arrivée à la prison civile du Havre, André a envoyé à son avocat et à ses parents une lettre indiquant, à mots juste assez couverts pour être compris de tout le monde, qu'il songe à se suicider si on ne lui donne pas les moyens de travailler. La famille est affolée. Un ami, le docteur Louis Bercher, obtient l'autorisation de voir André, sans doute en tant que médecin. Il écrit aux parents Weil pour les rassurer : la lettre si inquiétante avait pour objectif de secouer l'administration de la prison qui, bien entendu, épluche toutes les correspondances, afin qu'elle autorise André à recevoir des livres, du papier, de l'encre.

Aussitôt, s'imaginant que puisque Bercher a pu voir André, celui-ci a le droit de recevoir des visites, la famille Weil, nouveau quatuor, André étant remplacé par Eveline, se précipite au Havre. Ils trouvent porte close. Pas d'autorisation, pas de visite.

Retour à mon portrait de famille. Le plus vraisemblable est que mes quatre Weil entrent dans un café, peut-être juste en face de la prison, pour se réchauffer en attendant l'heure de reprendre le train. C'est sûrement l'une des trois femmes qui dit : «On va tout de même lui faire passer un mot, ils ne refuseront pas de lui transmettre un mot.»

Bernard est d'accord pour écrire un mot, bien sûr, mais il est soucieux de faire ce qui est correct.

Je pense que ce n'est pas Selma qui a eu cette idée, malgré son habituel esprit d'initiative. Cet après-midi-là, je l'imagine plutôt s'indignant bruyamment de ce qu'on les ait refoulés. Restent Eveline et Simone. Elles sont d'accord que c'est faisable. Eveline est d'un naturel optimiste, et Simone est toujours prête aux manœuvres les plus loufoques.

Mais peut-être justement Selma a-t-elle fait une «scène» si magnifique, si émouvante, se lamentant de façon si théâtrale (elle est on ne peut plus douée pour ce genre de manifestation, je l'ai vue à l'œuvre, et plus d'une fois) que le concierge leur a dit : «Eh bien, écrivez-lui, je me charge de faire passer votre lettre, mais dépêchez-vous parce que dans une demi-heure je suis remplacé, et l'autre n'est pas commode.»

Simone a toujours du papier ou un carnet dans sa poche. Mais ce papier-là n'est ni une page arrachée à un carnet ni une feuille de papier sortant de la poche de Simone, car elle serait chiffonnée, tachée d'encre et de tabac. Or ma «photo» est lisse et propre. Ils ont demandé du papier au patron du café.

Eveline, la petite belle-fille qui connaît ses droits, a déjà saisi le papier et sorti de son joli sac un stylo rempli d'encre bleue, d'un beau bleu virant au turquoise. (Le stylo est forcément le sien, aucun Weil n'a jamais écrit avec de l'encre turquoise.) Elle est l'épouse, à elle d'écrire la première. Et, pour qu'il ne subsiste aucun doute, elle commence par affirmer son droit de propriété : *Mon André.* Il est à elle, les autres peuvent bien glapir, ils seront obligés de la suivre, à la queue leu leu, pour aller vers le personnage absent, mais présent par son nom, raison d'être de ce rassemblement familial, de ce petit cortège. Elle brandit la bannière qu'ils doivent suivre, bannière qui dit André, mais un André qui est «Mon», c'est-à-dire à Eveline. Elle sourit finement aux Weil qui attendent leur tour en buvant un mauvais café. Son sourire terriblement gentil et bien élevé proclame : «Votre génie m'appartient, votre "gosse" aux beaux cheveux noirs, le "cher noumène" de Simone est devenu mon Prince Charmant, ce n'est pas pour vous plaire, je le sais, mais que voulez-vous, nous nous aimons, et vous n'y pouvez rien.»

Après la déclaration de propriété, elle peut se permettre une certaine générosité. Elle reprend gracieusement sa place dans la tribu Weil. Elle va parler au pluriel. Groupe, photo de famille. Elle se tient tout près d'eux, se colle à eux, câline, malicieuse, et très parfumée, sachant bien qu'ils ont le parfum en horreur. (Il paraît que le parfum donne des migraines à Bernard, de l'asthme à Selma. Eveline n'en croit pas un mot.) Elle écrit : «Tous quatre nous pensons à toi et nous t'embrassons. Eveline.»

Elle passe le stylo et le papier à Selma, et lève sur elle ses grands yeux bleus aux longs cils fardés. Elle réprime un sourire. Elle trouve ridicules les bérets basques dont sont affublées sa belle-mère et sa belle-sœur. J'entends sa voix claire, beaucoup plus claire que celle des Weil. Elle dit : «Tenez, Mime, à vous.»

À son tour, Selma fixe ses yeux perçants et rapprochés sur son élégante bru. Elle fait sa voix sucrée : «Ah bon, je vous remercie infiniment.»

Accent mis sur le «infiniment». Je l'entends d'ici.

Selma prend la plume, comprend tout de suite que ses habituelles tendresses, ses mon chéri, ses mon cher enfant, n'ont pas leur place, aujourd'hui, sur ce papier qu'elle partage avec une belle-fille qu'elle n'aime guère (c'est réciproque).

Cette petite Eveline les a tués, avec son «Mon André». Il est à elle, tous les mon enfant chéri du monde n'y changeront rien. Selma en vient donc sans préambule au vif du sujet qui lui appartient de droit et la préoccupe, elle, la louve qui jadis soigna et nourrit avec passion ses petits, et qui, jusqu'à son dernier souffle, prendra plaisir à décrire la violence avec laquelle André la tétait: la santé de son fils. «Bercher nous dit que tu vas bien, nous en sommes très heureux.» Mais avant de passer la plume à Simone, elle réaffirme tout de même ses droits, et signe: «Ta mère qui t'aime S Weil.»

Demain, de Paris, elle écrira à André: «Eveline est avec nous depuis quelques jours, elle a bonne mine et est gentille et courageuse au possible.» Comme on parlerait d'une enfant de douze ans.

Simone tient le stylo à la verticale, je crois, car elle écrit très pointu et très fin. C'est elle qui en écrit le plus. Elle, la soror, ainsi qu'André l'appelle parfois, la complice, la jumelle, elle se donne pour mission de rappeler à son frère que ce qui compte, c'est le fonctionnement de son cerveau. Elle a un beau style. «J'espère que tu fais des vers et prépares de (belles, rayé. Avait-elle voulu d'abord parler de belles mathématiques, de belles démonstrations?) beaux théorèmes, et arrives à ne pas trouver le temps par trop long.» Elle lui parle de vers. Enfants, ne jouaient-ils pas, des heures durant, aux bouts-rimés? Pas besoin de papier! Et puis elle utilise le mot «prépares», ce qui signifie: tu n'as qu'à rêver des théorèmes et les stocker dans ta mémoire, en attendant d'avoir du papier, ce qui ne saurait tarder, ne t'inquiète pas, tu nous connais, nous agiterons ciel et terre.

Elle ne l'embrasse pas, ce ne sont pas des frère et sœur qui s'embrassent. Elle termine: «Nous pensons tout le temps à toi. Simone.»

Si elle semble, à première vue, renchérir sur ce qu'a écrit sa belle-sœur, je suis certaine que c'est involontaire, car je ne l'imagine pas un instant se livrant à ce genre de compétition. C'est que, tout simplement, c'est vrai. Elle ira souvent, dans les semaines qui suivront, au Palais de justice assister aux séances des tribunaux, pour observer comment cela se passe et pouvoir conseiller son frère utilement. Lorsque Simone pense à quelque chose, elle y pense tout le temps. Eveline, et c'est une très grande qualité pour son propre moral et aussi pour le confort de l'entourage, n'a jamais de sa vie pensé tout le temps à quoi que ce soit, même à André, son grand amour, son Prince Charmant.

Eveline ne regarde pas ce que Simone écrit. Je ne crois pas que ça l'intéresse. Les deux belles-sœurs ont des rapports courtois. Eveline, la jolie femme aux yeux bleus, dont le beau et génial descendant des Weil et des Reinherz est fou amoureux, méprise du haut de son éclatante féminité, de sa joie de vivre et de son bon sens petit-bourgeois, cette folle de Simone, avec ses vêtements à l'envers et ses taches d'encre sur le bout du nez.

Simone, de son côté, a peu d'estime pour l'intelligence de celle que leur a ramenée André. Elle porte sur elle un regard assez macho. «Mon frère la domine tout à fait», écrira-t-elle à un correspondant. Sans doute, ayant pas mal regardé autour d'elle et aussi lu des romans, s'est-elle résignée à cette idée : un homme, même génial, a besoin d'une femme, son frère est un homme, et Eveline, avec son parfum de chez Guerlain, sa gaieté de gamine espiègle, ses jolis seins et son tempérament amoureux, est la femme qu'il lui faut.

Tout cela n'empêchera pas les deux belles-sœurs de s'entendre à merveille pendant les mois d'incarcération d'André. Front commun. Quand il sera transféré à Rouen, et aura droit aux visites, elles effectueront souvent le trajet ensemble, Eveline chargée de chemises, de chaussettes et de savon, Simone de livres.

Enfin, c'est au tour de Bernard d'ajouter un mot. Bernard, le père de famille.

Sur une grande et traditionnelle photo de famille prise à Mayenne en 1916, il se tient debout derrière Selma assise, un peu solennelle sous son immense chapeau, encadrée de ses deux enfants. Bernard est beau, fier et droit, en grand uniforme. Il a été médecin militaire pendant toute la Première Guerre.

Aujourd'hui, il lui reste, en bas de la page, juste la place d'écrire une phrase pour son fils. Il a son propre stylo, il l'a sorti de sa poche ou bien il en a emprunté un au patron du café. Il n'écrit pas à l'encre turquoise, lui, mais à l'encre noire. Il écrit vite :

Nous espérons avoir le plaisir de te revoir bientôt ton père B Weil.

Voilà qui est fait.

Cette phrase merveilleusement anodine est, à première vue, attendrissante de retenue, de dignité. Mais, de même qu'il m'arrive de prendre une loupe pour mieux discerner les traits d'un personnage sur une photo, je me penche sur cette phrase et je vois bien autre chose : la colère, l'humiliation. La honte d'un Alsacien qui a été fier de servir sous le drapeau français, et dont le fils est en prison pour refus de rejoindre son régiment alors qu'une nouvelle guerre est déclarée.

Ce pauvre Bernard n'a vraiment pas de chance. Il n'a pas les enfants qu'il méritait. Il a une fille qui vient de mettre au point un projet de parachutage d'armes et de soldats sur la Tchécoslovaquie, pour organiser la résistance des Tchèques contre les Allemands, et qui a juré qu'elle se jetterait sous un tramway si elle ne faisait pas partie des premiers parachutés !

Et lui, le malheureux père, il passe son temps à aller supplier les uns et les autres, des syndicalistes, des sénateurs, de protéger sa fille, de lui mentir un peu au besoin pour l'empêcher de trop risquer sa vie, en Espagne, en Tchécoslovaquie, et où, encore ? Il se doute bien que cela ne fait que commencer.

Et voilà maintenant que son fils est en tôle pour insoumission.

Après avoir confié leur petit mot collectif au concierge de la prison, ils sont rentrés à Paris.

Deux jours plus tard, André est transféré à la prison militaire de Rouen. La famille pourra donc s'épancher dans des lettres individuelles. Correspondance amoureuse avec Eveline, où il est énormément question de fleurs et de musique, abondante correspondance intellectuelle avec Simone.

Selma écrit son impatience de voir son fils, sa tendresse maternelle, et parle des livres qu'elle va acheter pour lui. Elle prend soin d'inclure sa belle-fille dans le noyau familial : «Nous attendons tous quatre avec l'impatience que tu devines l'autorisation de te voir.»

Bernard écrit sur son papier à ordonnances (qui ne lui servira plus désormais qu'à la correspondance familiale ; il est vieux et, de toute façon, dans six mois, le 3 octobre 1940, les lois antisémites vont lui interdire d'exercer son métier). Le ton deviendra moins sec. L'ancien officier s'est habitué à la situation de son fils, et la tendresse reprend ses droits. «Je ne puis te dire combien nous sommes heureux de te savoir en bonne santé. Veux-tu me permettre de te donner un petit conseil médical ? Tâche de faire un peu de culture physique tous les jours, si possible matin et soir pendant dix à quinze minutes, je pense que tu te rappelles encore quelques mouvements, autrement je tâcherai de te faire un petit tableau. Nous comptons les heures jusqu'au moment où nous pourrons te revoir. Je t'embrasse affectueusement. Ton père B Weil.»

Cette histoire de gym lui tient à cœur ! Quelques jours

plus tard, il revient à la charge : « Je pense qu'étant donné ton manque d'exercice actuel, dix minutes de culture physique tous les matins te feraient du bien, si c'est possible. Tu te rappelleras sans doute les mouvements que nous avons faits si souvent ensemble… »

Ma mère m'a souvent décrit les journées qu'elles passaient toutes les deux, Simone et elle, quand elles allaient rendre visite à André, le voyage en train, le sandwich dans un café. J'aurais donné beaucoup pour les avoir vues, Eveline et Simone, les deux femmes d'André. Le tableau qu'elles présentaient, marchant dans les rues de Rouen, devait être assez remarquable : l'une avec sa jupe informe, ses souliers d'homme et son béret, l'autre avec de jolis pull-overs qu'elle tricotait elle-même, un ravissant chapeau, du rouge à lèvres…

Un soir à Paris Simone, ayant apparemment oublié qu'elles devaient dîner ensemble, est venue assez tard la retrouver dans le petit appartement d'André, au rez-de-chaussée de la rue Auguste-Comte et, toutes les deux, elles ont passé la moitié de la nuit assises par terre, un bocal de cerises à l'eau-de-vie placé entre elles. Simone s'était mise à raconter des légendes, comme elle aimait à le faire. Ma mère, charmée, écoutait. Elle m'a plus d'une fois parlé de cette soirée, une longue soirée comme une parenthèse magique au milieu de cet hiver où débutait la guerre. Mais un incident l'avait surprise, déroutée, marquée. Ma mère était d'un naturel caressant. Elle n'avait pu résister à la tentation de passer les doigts dans la chevelure de Simone (qui devait lui rappeler celle d'André, qu'elle n'avait plus touchée depuis plusieurs mois !) et, ce faisant, s'était exclamée : « Quels beaux cheveux vous avez, Simone ! »

– Simone s'est écartée d'un mouvement brutal, en criant : « Ne me touchez pas ! » comme si un serpent l'avait mordue ! racontait ma mère.

Cet épisode m'a toujours intéressée. Eveline pensait que

Simone était terrifiée par toute caresse. Peut-être, me suis-je demandé, parce qu'elle mourait d'envie d'en recevoir? S'est-elle sentie souillée par ce contact, par cette caresse venant justement de la jolie femme qui couchait avec son frère?

Simone avait repris son souffle, et repris son conte. Elles avaient fini le bocal de cerises.

D'excellents ancêtres :
du côté de la Galicie

Il est pour ainsi dire obligatoire, dans la tradition juive, lorsque l'on écrit sur un personnage illustre qui s'est aussi distingué par une moralité exemplaire, à plus forte raison par une tendance à la sainteté, de lui attribuer un magnifique arbre généalogique, ce que l'on nomme en hébreu le *yikhous* : une longue ascendance de rabbins et de sages, d'érudits talmudistes à la piété exemplaire, doublée d'une parfaite humilité. Ascendance remontant, si possible, jusqu'au roi David.

J'ai cherché en vain parmi les aïeux de Simone des hommes correspondant à cette description, ou même un seul vieux rabbin qui, comme jadis le grand maître Jacob ben Yakar, de Worms, se serait servi de son immense barbe blanche pour balayer le sol devant l'arche sainte.

Cependant, à force de fouiller parmi nos ancêtres, en remontant le courant de plusieurs générations de respectables commerçants et d'hommes d'affaires probablement irréprochables, j'ai réussi à trouver, dans la petite ville galicienne de Brody, un arrière-arrière-grand-père de Simone, un homme à la longue barbe et aux boucles abondantes, savant hébraïste et si peu doué pour le commerce que ses affaires périclitèrent. Sans sa femme énergique et très intelligente, leurs six enfants seraient morts de faim. Ce détail m'a comblée d'aise, et ce grand-père Barasch (dont j'ignore le prénom), penché sur ses livres et nul en affaires, me paraît un excellent ancêtre pour Simone. Mon père avait l'habitude de dire que les juifs se répartissaient en deux catégories : ils étaient marchands ou rabbins. Il se plaçait, bien sûr, avec sa sœur, dans cette dernière catégorie, ce qui ne l'empêchait pas, pour sa part, de tirer une certaine fierté d'avoir presque toujours réussi à vendre à peu près convenablement ce qu'il appelait sa «petite marchandise», c'est-à-dire les mathématiques.

Mais revenons au grand-père Barasch. Originaire de Brody, il ira, après la mort de sa femme, finir sa vie à Lemberg chez sa fille Antonie. C'est ainsi qu'Hermine, sa petite-fille, qui sera la grand-mère d'André et de Simone, a passé son enfance auprès de lui. Elle le décrira plus tard dans ses souvenirs.

Et moi, je suis vraiment très satisfaite de cet ancêtre assis devant une table, à Brody, balayant de sa belle barbe les pages jaunies d'un vieux volume du Talmud, pendant que sa femme vendait je ne sais quoi dans la boutique, au rez-de-chaussée de leur maison à un étage et à balcon de bois.

Je dis le Talmud, mais ce n'était pas forcément le Talmud. Il aurait pu lire le Tanya, l'ouvrage du rabbin Schnéur Zalman de Lyady, s'il était attiré par le hassidisme, car la Galicie a été l'un des berceaux de formes variées de piété exaltée, et j'ai toujours pensé qu'il circulait dans les veines de ma tante Simone un certain nombre de globules lui venant tout droit d'un *hassid* de là-bas. Mais peut-être, au contraire, lisait-il les pamphlets et livres des grands réformateurs de la *haskalah*, qu'on appelle aussi les «Lumières». Les deux mouvements, hassidisme et *haskalah*, ont pris une égale importance parmi les juifs de Galicie, et s'affrontaient violemment, parfois au sein de la même famille, vers le milieu du XIXe siècle.

Plus tard, à Lemberg, il est plaisant d'imaginer que le grand-père, aux boucles et à la barbe désormais toutes blanches, trop absorbé par sa lecture pour remarquer les regards que lui jetait la curieuse petite Hermine, était plongé non dans la Torah, mais dans *L'Amour de Sion* (*Ahavat Tziyyon*), bestseller paru à Vilna en 1853, premier roman écrit dans la langue hébraïque, œuvre d'Abraham Mapu, dont l'ambition était d'être l'Eugène Sue ou l'Alexandre Dumas des juifs!

Naturellement, sans être aussi ambitieuse, il m'est arrivé plus d'une fois de songer à écrire un roman sur la famille maternelle de Simone. Il y avait tous les ingrédients nécessaires pour fabriquer un bon gros roman comme on aime en lire à la campagne, les soirs d'hiver : les vastes plaines, les forêts, les steppes infinies et presque toujours enneigées, les brigands, les loups, les cosaques, les pogroms.

Je crois que c'est la paresse qui m'en a empêchée, tout simplement. Tant de distances à parcourir, sinon en réalité, du moins en imagination. Tant de petites villes à décrire : Lemberg, Brody, Tarnopol, Brzezany... Et puis les grandes : Vienne, Odessa, Rostov-sur-le-Don. Les voyages interminables en train. Car les juifs circulaient beaucoup, malgré les taxes qui leur étaient imposées pour entrer dans les villes, et ils déménageaient, selon la force avec laquelle soufflait le vent que mon arrière-grand-mère Hermine nommait pudiquement «un vilain petit vent d'antisémitisme».

Alors j'ai décidé d'écrire au moins quelques têtes de chapitres, non d'un roman, mais de la très véridique histoire de cette famille, tout en montrant comment cela devait fatalement mener les Reinherz jusqu'à Paris, où Selma épouserait Bernard Weil en 1905, et où naîtraient André en 1906, puis, trois ans plus tard, Simone.

Chapitre premier : où l'on voit, vers 1810, le chef d'une bande de brigands bien connus dans la région de Brody se présenter dans la boutique de la belle et blonde Mme Barasch dont le mari, dans une petite pièce sombre, à l'étage, promène sa barbe sur un volume du Talmud (autre version : un ouvrage de piété mystique, ou un pamphlet réformateur. Le roman juif, mentionné ci-dessus, est encore à venir).

Que voulait ce brigand cruel et redouté dans toute la

contrée ? Il venait déclarer à Mme Barasch qu'il avait entendu parler d'elle comme d'une personne si pieuse, si bonne et si charitable, qu'elle n'aurait jamais rien à craindre ni de lui ni de sa bande, et même qu'elle pouvait laisser ses portes grandes ouvertes, car qui oserait s'attaquer à elle aurait affaire à lui.

Chapitre II : comment, également vers 1810, un autre arrière-grand-père de Selma Weil, née Reinherz, fut dévoré par les loups dans la région de Tarnopol.

Un ancêtre de Simone dévoré par les loups, ça fait plutôt bien, je trouve ; ce sont des gens qui viennent de Galicie, après tout, et un peu de couleur locale n'est pas déplacée. La vérité est moins spectaculaire. L'ancêtre (un Reinherz), qui voyageait pour son commerce, dormait dans une auberge, devant une fenêtre restée ouverte. Un loup enragé était entré par la fenêtre (cela se passe au milieu des forêts et des steppes infinies, ne l'oublions pas), l'avait mordu en plusieurs endroits et s'était enfui. Le malheureux voyageur avait guéri de ses morsures mais était mort de la rage, laissant une veuve éplorée mais débrouillarde, et un fils unique dont je parlerai plus tard.

Chapitre III : comment le choléra qui sévissait à Moscou en l'an 1848 influença les destinées de toute une famille, sur des générations à venir, car sans ce choléra André et Simone Weil n'auraient jamais existé.

Voici pourquoi : la plus jeune fille de l'hébraïste barbu et nul en affaires se nommait Antonie. C'était une mignonne petite blonde. Quand elle fut en âge de se marier, sa sœur aînée, Charlotte, elle-même mariée depuis plusieurs années, à Odessa, avec un orientaliste assez réputé du nom de Simha, dit Semion, Pinsker, décida de marier sa petite sœur chérie au fils que Simha, dit Semion, avait eu d'un premier lit. La mignonne Antonie fut emmenée à Odessa où elle passa une année entière chez les Pinsker à attendre son fiancé, Lev, dit Léon. Léon Semionovitch Pinsker venait de terminer sa médecine à Moscou. Il se préparait à rentrer à Odessa, lorsque survint une épidémie de choléra. Le jeune docteur Pinsker se distingua par ses services héroïques dans un hôpital de Moscou, mais cela ne lui laissa évidemment pas le temps de rentrer chez son père pour se marier avec Antonie Barasch. (Bien plus tard, après les pogroms de 1871 et 1881, Léon Pinsker sera le premier théoricien du Mouvement sioniste, avant Theodor Herzl.)

Un des grands frères d'Antonie, trouvant que sa sœur avait bien assez attendu, vint la chercher pour la ramener à Brody. Sur le chemin du retour, ils passèrent par Lemberg où ils firent, par un heureux hasard, la connaissance de Salomon Sternberg, fils aîné d'un certain Zvi, dit Hersch (les deux signifiant cerf, ou antilope), commerçant à Brzezany. Salomon et Antonie se plurent dès la première rencontre, se marièrent à Brody et s'installèrent à Lemberg où Hermine, ainsi nommée en souvenir de Hersch, son grand-père, devait naître en 1850. Ouf!

Salomon Sternberg, agent de change et prêteur sur gages, était tout aussi nul en affaires que son beau-père, le vieux Barasch. Il n'aimait que la musique et passait le plus clair de son temps à jouer les sonates de Beethoven. Encore de bons gènes pour Simone et André.

Chapitre IV : comment, au cours du même été 1848, Grigori Reinherz (le fils de l'homme dévoré par les loups) quitta sa ville natale de Brody, juste au moment où un jeune rabbin, installé depuis quelques années seulement, y mourait empoisonné par certaines de ses ouailles qui le trouvaient trop large d'esprit et trop ouvert aux idées de réforme du culte juif.

L'affaire du rabbin empoisonné est tout ce qu'il y a d'historique, mais rien ne permet de soupçonner mon ancêtre d'avoir été mêlé à cet horrible crime. L'histoire familiale ne mentionne que la nécessité où se trouvait ce brave homme d'aller gagner de l'argent à Odessa.

Je m'arrête un instant pour préciser que celui que je viens d'appeler Grigori ne portait sûrement pas, lors de son départ de Brody, ce prénom russe et affreusement chrétien. Certes, son fils, le grand-père de Simone, possédait des papiers et documents bien en règle, au nom d'Adolphe Grigorievitch Reinherz. Normal, dès le moment où l'on est en Russie. Mais j'imagine que Reinherz, de Brody, s'appelait Guershon, vite transformé par ses clients et partenaires russes en Grisha, qui est le diminutif de Grigori.

Puisque je suis en train de parler de noms, et de noms juifs, on racontait dans la famille que le premier de la lignée Reinherz (celui du loup, peut-être, ou bien son père), quand les juifs de l'Empire austro-hongrois se virent attribuer des noms, avait dû pas mal graisser la patte d'un fonctionnaire pour avoir le plaisir de se nommer Cœur Pur, nom qui faisait plutôt classe. Löwenherz, Cœur de Lion, n'aurait pas été mal non plus, trouvions-nous. Cependant, nous imaginions un pauvre hère faisant la queue devant ou derrière notre ancêtre, pour ensuite rentrer chez lui, ayant reçu le nom beaucoup moins onéreux mais aussi moins gracieux de Calcul Biliaire...

Mais revenons à Guershon, dit Grigori, dont le fils Adolphe épousera Hermine Sternberg.

Je vais citer ici les souvenirs d'Hermine, rédigés à Paris, aux environs de 1920, dans un modeste petit cahier d'écolier.

Mon beau-père s'était marié très jeune, et avait eu beaucoup de mal à entretenir sa nombreuse famille, ses cinq enfants, sa mère, et sa belle-sœur.

Ma belle-mère, elle, était la charité personnifiée, ses enfants lui reprochèrent même que son cœur allât plus encore vers les pauvres et les déshérités que vers eux ! Quand elle avait de l'argent, elle le distribuait au risque d'en manquer pour les siens, et lorsqu'elle n'en avait plus, elle donnait un objet quelconque sans réfléchir.

Étant très pieuse, elle ne manquait jamais de se rendre à la synagogue les samedis et les jours de fête. L'étonnement de son mari fut grand, une année, lorsque au jour de la fête du Grand Pardon elle se dit trop fatiguée pour y aller. Interrogée, elle avoua avoir mis en gage son bandeau à perles fines au profit d'un parent dans l'embarras, et elle ne voulait pas se montrer au Temple sans sa parure.

Mon beau-père, voyant qu'à Brody il ne gagnait pas suffisamment pour les besoins de sa famille et la si coûteuse charité de sa femme, alla s'établir à Odessa, ville très riche où il avait beaucoup de relations. Il emmena son fils aîné Adolphe, âgé de dix-huit ans.

C'est ce jeune Adolphe, donc, qui deviendra le grand-père d'André et de Simone. Celle-ci sera nommée Simone-Adolphine en souvenir de lui.

Et personne ne saura jamais ce que la pieuse Mme Grigori Reinherz pensait des réformes projetées par l'infortuné rabbin lâchement empoisonné.

Chapitre V : comment, au printemps 1857, Salomon Sternberg quitta Lemberg avec toute sa famille, pour aller habiter à Vienne, parce qu'il voulait que ses trois enfants apprennent à jouer Beethoven mieux que lui, et qu'il estimait, sans doute avec raison, que ce serait chose impossible dans le ghetto de Lemberg.

Il eut de la chance, et put s'installer à Vienne, car il y avait été précédé par un oncle Sternberg qui avait obtenu le *Ehrenbürgerrecht*, le droit de cité. C'était une faveur tout à fait exceptionnelle, à une époque où les juifs n'avaient pas le droit de séjourner dans la capitale plus de cinq jours de suite.

L'idéaliste Salomon, épris de belle musique, ne fit pas

fortune à Vienne, mais ses trois enfants, Hermine, Henri, et Anna devinrent d'excellents pianistes.

Chapitre VI : où, afin de compléter sans tarder l'intéressant portrait de Mme Grigori Reinherz, l'auteur s'octroie la liberté d'anticiper d'une vingtaine d'années, et de montrer tout de suite une petite scène qui a lieu au mois de septembre 1876.

En ce début d'automne, Adolphe Grigorievitch et Hermine Solomonovna Reinherz, mariés depuis six ans, ont quitté Vienne où ils rendaient visite aux parents d'Hermine, pour rentrer chez eux à Rostov-sur-le-Don.

Encore une fois, je laisserai parler Hermine :

Le voyage fut long et pénible. Nous nous arrêtâmes d'abord à Brody. Mes beaux-parents s'y trouvaient aussi à ce moment, et nous habitions tous chez un frère de ma belle-mère.

Je visitai cette pauvre ville, les maisons où ma mère et mon mari étaient nés, et qui me parurent tristes et délabrées.

Un jour que j'observais à la fenêtre, à côté de ma belle-mère, la foule des pauvres juifs qui grouillaient sur la place, à l'occasion des grandes fêtes d'automne, je lui demandai comment elle avait pu supporter aussi longtemps la vie dans cet endroit.

Elle me répondit qu'elle aurait aimé y vivre toujours – et en réponse à mon étonnement, elle ajouta avec un accent pénétré : «Ici, il y a tant de pauvres.»

Est-ce que l'on n'aperçoit pas en cette pieuse et charitable dame quelques charmants chromosomes de sainteté qui vont se transmettre à son arrière-petite-fille Simone ? Le bandeau de perles en moins, évidemment...

Chapitre VII : où l'on revient à l'année 1870, et où l'on voit que la condition de fille sans dot (on se souvient de la nullité en affaires du pauvre Salomon) a porté bonheur à Hermine.

Je ne pouvais attendre de dot de mes parents, écrit Hermine, et j'étais décidée à ne point accepter celle que nos riches parents accordaient aux jeunes filles non fortunées de la famille.

Survient alors Adolphe Grigorievitch Reinherz, quadragénaire dont les affaires (exportation de grains et de laines) marchent très bien à Rostov, tellement bien qu'il peut s'offrir une femme sans dot. Il tombe amoureux de la jolie Hermine Sternberg, et l'épouse. Celle-ci a tout juste vingt ans. Le mariage eut lieu le 4 septembre 1870, à Vienne. Au beau milieu du dîner de noces, quelqu'un vint annoncer la capitulation de Napoléon III à Sedan et la proclamation, en France, de la République !

Chapitre VIII : où le pauvre Salomon, désolé de voir sa fille chérie s'en aller vivre au pays des Cosaques, la supplie en sanglotant, au moment suprême, alors que déjà s'ébranle le train, de ne pas négliger dans l'avenir l'ami qu'il lui a donné pour la vie, son piano, ni surtout son Beethoven…

… et où les Cosaques attaquent le train emportant les deux jeunes mariés vers cet avenir, et s'emparent du trousseau d'Hermine. Mais ils oublient (ou peut-être qu'un Cosaque au grand cœur a pitié de la jolie petite mariée de vingt ans) de lui arracher sa bague de fiançailles.

Contes et légendes de famille que ce train pris d'assaut par les Cosaques ? Peut-être avons-nous créé notre propre version de *Michel Strogoff*…Toujours est-il que les caisses contenant le service de table, et la malle de cuir où se trouvaient non seulement le trousseau d'Hermine (brodé à la maison) mais aussi plusieurs volumes de Beethoven, ont bel et bien disparu quelque part entre Taganrog et Rostov.

Reste la bague de fiançailles. Ma grand-mère me l'offrira pour mes seize ans.

Chapitre IX : où, après onze années de vie heureuse et prospère à Rostov – beaucoup de Beethoven, activités charitables d'Hermine qui fonde une école pour les enfants des juifs pauvres, courses en traîneau sur les steppes infinies, suivies de goûters autour du samovar qui ronronne –, la famille Reinherz quitte cette ville, chassée par le «vilain petit vent d'antisémitisme» et plusieurs pogroms qui n'étaient pas si petits que ça. Elle troque le Don contre l'Escaut, et va s'installer à Anvers où grandiront Julie, Félix, Saloméa, dite Selma, et Jenny.

Bref épilogue au «roman» des ancêtres d'André et de Simone, côté Reinherz. Épilogue concernant les charmantes petites villes où vécurent ces ancêtres, et où je sais qu'il restait un certain nombre de cousins plus ou moins éloignés de ma grand-mère.

Lemberg (Lvov) : population juive en 1939 : cent cinquante mille.

Affamés, humiliés, terrorisés, torturés et massacrés sur place et dans le camp de Belzec, entre mars 1942 et juin 1943. Quelques centaines de survivants.

Brody : environ dix mille juifs en 1939.

Idem, sur place, et dans les camps de Belzec et Majdanek.

Une poignée de survivants.

Brzezany : environ quatre mille juifs en 1939.

Idem, sur place et dans le camp de Belzec, ainsi que les dix ou douze mille juifs venus d'autres petites villes de Galicie, et parqués à Brzezany en attendant l'extermination.

Pratiquement pas de survivants.

Dès que j'ai commencé, il y a bien longtemps, à m'intéresser et même à m'attacher rétrospectivement aux lieux où avaient vécu mes ancêtres pas si lointains que ça, je suis tout de suite tombée sur l'atroce réalité.

Il fallait que je le dise.

Ces villes font à présent partie de l'Ukraine.

D'excellents ancêtres :
du côté de l'Alsace

Il faut tout de même que je parle aussi de nos ascendants côté Weil, ou plutôt Weill ! Ils sont moins exotiques que les Reinherz, forcément : pas de loups, pas de steppes infinies, pas non plus de Cosaques, rien qu'une bonne Alsace tranquille et solide où les juifs se faisaient massacrer de temps en temps, mais pas très souvent. Ils se faisaient assez régulièrement expulser. Ensuite ils revenaient.

Le plus grand massacre eut lieu en 1349. Puis en 1389, un édit bannit les juifs de la ville de Strasbourg. Ils s'éparpillèrent dans les villages voisins. Ils pouvaient entrer à Strasbourg pendant la journée, moyennant péage, pour y vendre ce qu'ils avaient à vendre, surtout des bestiaux et des chevaux, semble-t-il.

Les siècles passèrent, tant bien que mal, puis vint la Révolution. Le 27 septembre 1791 les juifs alsaciens deviennent des citoyens comme les autres. Ça ne les empêche pas d'être persécutés sous la Terreur et guillotinés plus souvent qu'à leur tour, sous des prétextes variés. Napoléon met bon ordre à tout cela.

De la vie peu mouvementée de mes ancêtres Weill, citoyens français et résidents de Wolfisheim, on peut néanmoins extraire, je crois, quelques chapitres intéressants.

Chapitre premier : vers 1857, Abraham Weill, le grand-père d'André et de Simone, né à Wolfisheim en 1823, fils de Moïse Weill, marchand de bestiaux, et de Babeth Lévi, marié à Rosine Lévy, décide de transporter sa famille à Strasbourg. Abraham est marchand de biens, il a quatre ou cinq enfants, il a de l'ambition. Wolfisheim ne lui suffit plus, il veut la grande ville.

Devenu veuf, il épousera la sœur cadette de Rosine, Eugénie. Elle lui donnera encore trois fils, dont Bernard, mon grand-père, né en 1872.

Abraham est fort pieux, mais d'une piété tout alsacienne. Pas de charcuterie, ni de crevettes, bien sûr. Pas de riz au lait dans les assiettes destinées à la viande. Shabbat et fêtes strictement observés. Mais il ne traîne pas sa barbe sur les pages d'un vieux Talmud. En fait de barbe, il arbore deux énormes favoris et un collier taillé avec soin.

Abraham arrive à Strasbourg juste à temps pour être témoin de la grande question qui agite les juifs pieux à ce moment-là : doit-on, peut-on mettre un orgue dans la synagogue ? Ceux qui sont pour l'orgue rappellent qu'il y en avait un dans le Temple, à Jérusalem (enfin, une sorte d'orgue, nommé *magrefa*, comportant dix tuyaux parallèles et percés de dix trous chacun : on pouvait ainsi produire une centaine de sons, par un système de soufflerie). Ceux qui sont contre l'orgue rappellent que les juifs sont en deuil depuis la destruction du Temple et que ce serait péché d'introduire des instruments de musique dans les synagogues tant que dure ce deuil. Ils trouvent aussi qu'il est de mauvais goût que les synagogues se mettent à ressembler à des églises. J'ignore dans quel parti se rangeait mon arrière-grand-père.

Chapitre II : où le neveu d'Abraham, Alphonse Weill, qui a dix-huit ans et le goût de l'aventure, décide d'aller voir ce qui se passe en Amérique. Méprisant New York et ses communautés juives déjà bien établies, il pousse jusqu'en Californie. Il y arrive en juillet 1870. Trois ans plus tard, il ouvrira son propre magasin à Bakersfield.

Chapitre III : Strasbourg est devenu allemand. Nous sommes en 1871. Abraham, dont les affaires marchent bien, se fait construire une magnifique maison de pierre, à quatre grands étages, dans le quartier dit Neustadt. Rien n'est épargné, colonnes carrées, colonnes rondes à torsades, têtes de lions, balcons de pierre à balustrades sculptées, et quatre caryatides, deux hommes et deux femmes : deux femmes aux seins absolument nus, chose vraiment surprenante pour la maison d'un juif pieux !

La maison est assez semblable aux maisons voisines, merveilles, elles aussi, du style prussien. Mais la maison de mon arrière-grand-père est surmontée d'un grand médaillon de pierre, où s'entrelacent les initiales AW : Abraham Weill.

Chapitre IV : où Abraham, vers 1880, reçoit de son neveu Alphonse une lettre intéressante. Viens me rejoindre, cher oncle, ici on fait fortune, la Californie est grande et il y a plus de place qu'il n'en faut pour toute la famille Weill.

Abraham a plus de cinquante ans. Il n'est pas prêt à quitter sans de très solides raisons sa belle maison avec les lions, les colonnes et les caryatides. Il est fier de sa réussite, et il aime dormir la nuit sous le bel écusson de pierre portant ses initiales. Il relit la lettre d'Alphonse, puis ferme les yeux, tire sans hâte sur sa longue pipe, une superbe pipe alsacienne toute blanche, à large fourneau, et décide d'envoyer en éclaireur son fils aîné Isidore, âgé d'une vingtaine d'années. Isidore est chargé de voir s'il convient que la famille Weill quitte la maison aux caryatides et se transporte en Californie. Bernard, mon grand-père, a huit ans. Est-ce qu'il rêve parfois, le soir en s'endormant, d'aller grandir en Amérique ?

En attendant, les shabbats se succèdent et l'on voit chaque semaine la famille Weill, Abraham coiffé de son chapeau melon, Eugénie revêtue de tous les falbalas de circonstance, les enfants suivant leurs parents, s'en aller à pied vers la synagogue de la rue Sainte-Hélène (qui, depuis 1869, est pourvue d'un orgue, je regrette de le dire). Il y a un bout de chemin à faire, mais les Weill ont de bonnes jambes.

Isidore reste absent deux ans. Puis il revient, pour déclarer que l'Amérique est un pays matérialiste, dépourvu de culture, et que la famille d'Abraham Weill de Strasbourg s'y trouverait très mal.

Isidore s'installera à Paris et ouvrira un commerce de plumes.

Il est des mauvaises langues dans la famille pour affirmer qu'Isidore se moquait pas mal de la culture, et que c'étaient des déboires amoureux qui l'avaient dégoûté de l'Amérique et surtout des Américaines. En cela, il avait été moins heureux que le cousin Alphonse qui, en 1882, épousait la jolie Henrietta Lévy, âgée de dix-neuf ans. Ils auront quatre enfants.

Alphonse aussi se fait construire la maison de ses rêves. On est bien loin du joyau de l'architecture teutonne de son cher oncle Abraham. La maison est en bois, à un étage, entourée de plusieurs vérandas qui donnent de l'ombre. Mais c'est aussi un joyau, un joyau de l'architecture pionnière : c'est la première maison de Bakersfield à jouir d'une vraie salle de bains, et qui plus est, intérieure !

Chapitre V : où l'on trouve au mois de juin 1927 la fille aînée d'Alphonse, Blanche-California Weill, dans le bureau de l'un des doyens de l'université de Harvard.

Le doyen avance un fauteuil très confortable, prie Blanche-California de s'asseoir, et lui tient à peu près ce discours : « *Dear Miss Weill*, vous avez admirablement soutenu votre thèse. Demain, un certain nombre de jeunes gens vont recevoir leurs doctorats, devant leurs familles remplies de fierté. Est-ce que vous imaginez quelle humiliation ce serait pour eux de voir une jeune femme recevoir ce même doctorat ? *Dear Miss Weill*, j'en appelle à votre générosité, à votre sensibilité féminine. »

Il ajoute, avec un sourire très aimable : «Vous pourrez, bien entendu, venir chercher votre diplôme dès demain après-midi, dans mon bureau.»

Ma cousine Blanche-California, qui n'est plus une enfant, a déjà eu tout le temps de découvrir que la sensibilité féminine est un piège. Elle répond poliment mais fermement qu'elle a l'intention d'assister à la cérémonie et qu'elle compte y recevoir son doctorat en sciences de l'éducation.

Elle m'a raconté tout cela bien des décennies plus tard, en me faisant visiter San Francisco.

J'ai consulté les registres de Harvard et j'ai trouvé que ma cousine n'avait peut-être pas été la seule jeune femme à recevoir cette année-là un doctorat de l'université de Harvard. Une personne répondant au nom de Psyché figure parmi les lauréats. J'ai du mal à imaginer que Psyché ait été un jeune homme. Alors, un brin mythomane, ma cousine Blanche-California ? Ou bien Psyché, timide violette, plus docile que la fille d'Alphonse, avait-elle renoncé depuis longtemps à assister à la cérémonie et attendait-elle sagement qu'on lui envoie son diplôme par la poste ?

Suivent un certain nombre de chapitres sans grand intérêt littéraire. Les descendants d'Abraham abandonnèrent Strasbourg pour Paris, se multiplièrent, réussirent dans les affaires et certains dans les arts. Les sœurs de Bernard regrettèrent que, au lieu d'épouser une Alsacienne ou à la rigueur une Lorraine, leur frère ait choisi une *Galitzianerin*. Elles se consolaient en se disant que c'était pour la dot, et qu'un jeune médecin est bien obligé de s'établir. Selma les méprisait et jamais n'encouragea Simone et André à fréquenter leurs oncles, tantes et cousins. «Ces enfants-là, on ne les connaît pas», déplorait-on dans la famille Weill.

Nous passerons donc sans plus tarder au chapitre XX : où l'on voit toute la ville de Bakersfield en fête, pour le quatre-vingt-dix-neuvième anniversaire de Lawrence, le fils d'Alphonse. Nous sommes le 14 mai 1988, et cette date est déclarée : *Lawrence Weill Day*.

C'est que les Weill de Californie étaient des gens immensément riches et très charitables. Mais rien à voir avec les distributions de vivres et de vêtements des petites grands-mères de Brody et de Lemberg ! Nous sommes en Amérique, pays de la philanthropie en grand. Henrietta Weill et ses filles ont fondé des dispensaires pour enfants, et financé plusieurs fondations. Blanche-California a créé des centres pour les enfants « découragés ». Lawrence était le dernier survivant d'une famille qui avait largement contribué à la modernisation de la petite ville provinciale où l'Alsacien Alphonse était venu s'installer en 1873.

Je suis certaine qu'il y a eu, pour ce grand *birthday*, une fanfare, des feux d'artifice, des discours, des lâchers de ballons de toutes les couleurs. On a promené mon presque centenaire cousin dans une Cadillac décapotable et on l'a inondé de confettis !

Je regrette follement d'avoir manqué cela !

Quant à la maison d'Alphonse, la *Weill House*, transportée en 1950 dans le musée de la ville, avec ses vérandas et sa salle de bains, elle fait encore partie du circuit touristique de Bakersfield !

À ce chapitre aussi, il y a un épilogue.

Par une bizarre ironie de l'Histoire, plus de soixante ans après son invitation à son oncle Abraham – invitation refusée pour raisons de culture et de joyau de l'architecture teutonne –, c'est le vieil Alphonse qui, en 1942, fit sortir de France Bernard, Selma, et Simone. C'est lui qui paya les sommes astronomiques réclamées par les compagnies de navigation pour transporter les juifs en fuite ; c'est lui qui signa, avec Blanche-California, toutes les cautions, tous les *affidavits* requis pour obtenir les visas américains ; lui qui jura d'héberger, de nourrir et de soigner toute la famille jusqu'à la fin des temps s'il le fallait. C'est grâce à lui qu'il y eut quelques draps et couvertures sur mon berceau, c'est lui qui, fidèle à sa parole, paya le sana à ma mère lorsqu'elle fit, peu après ma naissance, une rechute de tuberculose.

Il ne sauva pas Simone, personne ne pouvait la sauver, mais il sauva presque certainement mes grands-parents de la déportation et d'une mort affreuse.

Le salaire du péché

Le moment est peut-être venu d'avouer que je suis d'une mauvaise foi pendable et que, même si je suis indignée par les «avantages» que le baptême devait me procurer, dans l'idée de Simone, indignée aussi d'avoir à souffrir certains inconvénients de la vie de relique, il y a eu des occasions où je n'ai pas hésité à troquer Simone contre des biens de ce monde qu'elle aurait, j'en étais parfaitement consciente, méprisés.

La première fois que j'ai séjourné toute une année scolaire à New York, pour y enseigner au lycée français, j'ai pris une chambre dans un immeuble du Upper West Side, une sorte de foyer que l'on appelait The Wages of Sin. L'immeuble de douze étages dominait les immeubles voisins, et les propriétaires avaient fait peindre en blanc tout le mur qui dépassait, côté sud, un mur sans fenêtres, sur une hauteur de quatre ou cinq étages, pour y représenter une page de Bible, où s'inscrivait en énormes caractères : *The Wages of Sin is Death* (le salaire du péché, c'est la mort). Cette page géante et son verset se voyaient de très loin, lorsque l'on remontait Broadway.

C'était un lieu assez lugubre dont il m'est arrivé de penser, durant les huit ou dix mois que j'y ai passés, qu'il aurait plu à ma tante (mais peut-être pas comme lieu de séjour pour moi, son «Patapon», qu'elle vouait à une normalité assez bourgeoise, je crois!). Il grouillait de gens passablement malheureux et solitaires, de gens dont les rêves ne menaient nulle part, et d'émigrés qui faisaient cuire dans leurs chambres des tambouilles bizarres. Tout l'établissement sentait le curry et le graillon. Une nuit, deux personnes venues de je ne sais où se sont suicidées dans leur studio, et il a flotté une sinistre odeur de gaz dans les couloirs et dans l'ascenseur pendant une bonne semaine. Mais j'anticipe.

La chambre qu'on m'avait donnée, au premier étage, était laide et surtout très sombre. J'y étais installée depuis vingt-quatre heures quand, intriguée par des cris et des chants provenant du rez-de-chaussée, je suis descendue dans le hall : une douzaine de personnes formant un cercle, bras tendus vers le ciel, plus ou moins en transe, invoquaient Jésus. Parmi elles, et non des moins exaltées, vêtues de longues robes blanches, leurs grands cheveux gris dénoués, se trouvaient les propriétaires du foyer, deux sœurs d'origine suédoise. J'avais emménagé chez des membres d'une secte mystique très active et je devais souvent, par la suite, les voir invoquer le Seigneur, tard le soir, après avoir revêtu leurs vastes chemises de nuit blanches. Dès le lendemain, je suis entrée en conversation avec les deux sœurs. Je leur ai expliqué que j'étais la nièce de Simone Weil. Elles avaient entendu parler de ma tante et c'est tout juste si, de surprise et de joie, elles ne m'ont pas serrée dans leurs bras. Enchantée de leur réaction, je leur ai demandé, sans vergogne, si elles n'auraient pas une plus jolie chambre à m'offrir. Deux jours plus tard, je leur apportai une demi-douzaine d'ouvrages de ma tante traduits en suédois, pris dans le bureau de mon père à Princeton, et j'emménageai dans un lumineux studio situé au dixième étage, avec une belle vue sur l'Hudson. Pendant toute la durée de mon séjour chez elles, les deux sœurs m'ont traitée avec beaucoup d'égards et de considération.

Cependant, ma promotion vers les sphères supérieures des Wages of Sin fut suivie de quelques nuits d'horreur, d'incompréhension et de panique : c'était la première fois de ma vie que je dormais sur un matelas infesté de punaises, et je n'ai pas immédiatement saisi ce qui m'arrivait. Sûrement une punition du ciel. J'ai dû acheter un lit. Je pense que même Simone n'aurait pas tenu. Les punaises, c'est atroce.

Famille décollée

Le lendemain de la mort de ma mère, des personnes s'approchaient de nous pour nous offrir leurs condoléances. Je ne les connaissais pas, mon père me présenta : « Ma sœur Simone. »

L'émotion, le chagrin, certes. Mais cette confusion remontait loin !

Ne suis-je pas celle qui, bébé, devait remplacer Simone auprès de ses parents ? Celle qu'elle leur avait léguée ?

Pendant les semaines qui ont précédé son départ de New York, elle leur parlait sans cesse de moi. Et jusque dans sa toute dernière lettre, qu'ils recevraient plusieurs jours après avoir appris sa mort :

> Darlings, très peu de temps et d'inspiration disponibles pour les lettres, maintenant. Elles seront courtes, espacées, irrégulières. Mais vous avez une autre source de réconfort.

– Notre pauvre petite Simonette, elle nous aimait tant, dit mon grand-père en pleurant lorsque André, accompagné du docteur Bercher, vint apporter à mes grands-parents le télégramme annonçant la mort de Simone.

Était-ce à cause du « *She never wanted you to know* » (elle ne voulait pas que vous soyez au courant) ajouté par Zette

115

Closon dans le télégramme? Biri savait que seuls Mime et lui auraient pu guérir leur fille, la sauver une fois de plus de son acharnement à se détruire. Il savait qu'elle ne pouvait survivre sans eux.

Bernard a-t-il compris à ce moment-là que les lettres qui, depuis des mois, faisaient leur joie, à Selma et à lui, étaient de longs chapelets de mensonges?

Fictions que les jolies descriptions du printemps à Londres, et celles du travail, des promenades, des nouvelles amies de Simone. Fictions destinées à aveugler les pauvres parents. La seule chose de vraie dans toutes ces lettres, c'est le bébé au sourire ensoleillé à qui elle se vante d'avoir jeté un sort, le *baby* à qui elle envoie, même dans ses télégrammes, ses *fondest kisses*, ses plus affectueux baisers.

Le jour du télégramme de Zette Closon, Mime a parlé de se suicider. André ne le lui a jamais pardonné. Il était encore en vie, lui.

Ce fut la première fêlure.

La famille, si soudée jusqu'à la mort de Simone, allait bientôt se décoller. Pas immédiatement. Ma mère dut faire un séjour dans un sanatorium en Pennsylvanie. Mes grands-parents me prirent chez eux à New York et, pendant six ou huit mois, me consacrèrent toute leur énergie, toute leur intelligence, toute leur tendresse. Les lettres de Mime à Eveline ne sont que de longs «rapports» sur «la princesse»: mes dents qui poussent, mes prouesses physiques, ce que je mange, ce que je bois, mes pieds qui grandissent. Mime me fabrique des chaussures, Biri va m'acheter une pèlerine imperméable, Mime me coud des vêtements, Biri installe un grillage spécial sur le balcon pour que je puisse y prendre l'air toute la journée, tous deux se lèvent à l'aube pour me promener pendant les heures fraîches, mon vocabulaire se développe, je sais compter et je reconnais les couleurs, n'en déplaise à la cousine Blanche-California, docteur en sciences de l'éducation, qui s'occupe à New York d'enfants découragés, et soutient qu'un enfant ne reconnaît les couleurs qu'à partir de trois ans. Je suis un amour, je suis adorable, je console ma grand-mère qui trouve très amusant que j'aie lancé ses lunettes par la fenêtre, je suis un cher petit trésor qui rend un peu de sa gaieté à son grand-père, «Biri a tellement ri»...

Les lettres de Mime sont remplies d'affection pour Eveline : celle-ci est loin. Mime lui souhaite de guérir bien vite, mais, en attendant, le bébé au sourire ensoleillé, la source de réconfort appartient à Mime et Biri.

Ils vont bientôt se la disputer, la pauvre source de réconfort, et celle-ci deviendra un petit otage ballotté entre quatre adultes déchaînés, André et Eveline, Bernard et Selma.

Le premier accrochage se produit sur le bateau, le *Rio Tunuyan*, qui emmène toute la famille de La Nouvelle-Orléans au Brésil en février 1945. Mime me garde constamment sur ses genoux, et ne veut pas que je m'approche d'une petite fille qui s'appelle Patty et qu'elle trouve sale. André m'arrache aux bras de sa mère et me donne, hurlante, à Eveline. Biri traite André de salaud et lui dit que je suis le seul bonheur qui leur reste en ce monde, à Mime et à lui. Eveline m'enferme avec elle dans sa cabine où je passe trois jours à hurler que je veux Mime. Eveline trouve cela désagréable et m'en voudra toute sa vie. Une fois que je suis calmée, et habituée au changement, on me rend à mes grands-parents. Eveline est fatiguée.

Les années passées au Brésil seront tranquilles ; ce sont des années de survie, d'attente d'un éventuel retour en Europe, et surtout d'adaptation pour toute la famille à un climat difficile...

Notre petite Sylvie depuis qu'elle est ici tousse et a de l'entérite. On nous avait dit à New York que le climat de São Paulo était idéal ! Quand on raconte cela aux gens d'ici, cela les fait tordre! Et on ne s'acclimate jamais, paraît-il! écrit Bernard à son cousin Alphonse de Californie.

J'habite souvent avec mes grands-parents. Je suis leur raison de vivre. Et c'est très commode pour mes parents.

La guerre est finie. Ma sœur vient au monde. Fin 1947 Mime et Biri partent pour la Suisse, nous pour Chicago, où mon père a été nommé professeur. Au printemps 1948 je fais une assez grave primo-infection, mes grands-parents me prennent avec eux en Suisse. L'année suivante, toute la famille se retrouve rue Auguste-Comte.

C'est en 1952, je crois, que commence la longue série de disputes, de brouilles, de procès, de trêves, de réconciliations suivies de nouvelles brouilles, qui durera toute mon enfance et bien au-delà, jusqu'à la mort de Selma, en novembre 1965.

Il est un lieu qui, dans ma mémoire, symbolise cet interminable cauchemar familial, c'est l'étroit escalier tournant qui reliait le grand appartement du sixième étage au studio du septième. Les années où mes grands-parents et mes parents étaient en bons termes, la porte située en bas du petit escalier était ouverte, et nous couchions au sixième, ma sœur et moi, ou bien j'y couchais seule. Le grand appartement faisait partie de notre paysage, nous jouions aux cartes avec Biri, nous mangions les merveilleux biscuits au beurre de Mime. Les années où les adultes ne communiquaient plus que par le truchement d'avocats, la porte était verrouillée des deux côtés, l'escalier nous servait de penderie, de débarras. Adolescente, j'ai passé des heures assise sur les marches à écouter les bruits qui montaient du sixième, à écouter vivre Mime : son pas lourd dans le couloir, sa voix quand elle accueillait des visiteurs, ses exclamations, son rire. Son rire surtout me faisait mal.

Au centre de la querelle, bien sûr, la disparue : Simone. Ce qu'elle laissait derrière elle. Pour commencer il y eut moi, le bébé légué par elle à ses parents. Bernard et Selma auraient voulu m'élever, ou du moins que mes parents me partagent avec eux. Mon père estimait à tort ou à raison que sa mère avait créé en Simone le besoin d'elle et que Simone en était morte. Il eut à cœur de couper en moi ce «besoin de Mime» qu'il redoutait comme néfaste.

Très vite la querelle s'étendit aux manuscrits de Simone. Mes grands-parents s'étaient lancés dans leur publication. Mon père, considérant sans doute que personne n'avait été aussi proche de sa sœur que lui, exprima sa volonté de participer à toute publication. Rien ne se ferait sans son accord et son concours. Mes grands-parents (puis ma grand-mère seule, après la mort de mon grand-père en 1955) ne voyaient pas les choses ainsi. Ils voulurent donner les manuscrits à la Bibliothèque nationale. Mon père s'y opposa, tant que l'ensemble ne serait pas publié. Ils voulurent les léguer à la BN, mon père s'y opposa, rappelant qu'il était cohéritier.

Il y eut, pendant quelques années, des «kidnappings» de manuscrits. Confiés un temps à la Bibliothèque nationale par mes grands-parents, ils furent rapportés plus tard rue Auguste-Comte, puis rendus à la BN par André, pour être réclamés à cor et à cri, et bientôt repris par Selma qui accusait André de les avoir enlevés un matin très tôt, par surprise :

> J'ai entendu quelqu'un s'introduire chez moi. Inquiète, je me suis levée et ai découvert dans la chambre de Simone mon fils en train d'entasser dans une valise tous les manuscrits et les copies sur lesquelles j'avais travaillé tout l'été. Malgré mes protestations il les a emportés, en refusant de m'en donner la liste. Il dit les avoir remis à la Bibliothèque nationale.

Les manuscrits, ou une partie d'entre eux, firent ainsi plusieurs allers et retours entre la BN et la rue AC.

À quel moment Bernard et Selma se mirent-ils dans la tête de léguer leur appartement à la Bibliothèque nationale pour qu'elle en fasse un musée Simone Weil ? La BN n'avait aucune intention d'établir un musée rue Auguste-Comte, mais elle ne découragea pas mes grands-parents dans leur projet, et ils firent leur testament dans ce sens. Aigris, vieillis, ils déclaraient André et sa famille indignes d'occuper les lieux où avait vécu Simone.

Ils avaient rempli l'appartement de la présence silencieuse de Simone. André était trop vivant, trop exigeant, les petites trop bruyantes, trop agitées, Eveline trop parfumée. André aurait pu détendre la situation, peut-être, en emmenant sa famille vivre ailleurs, lors de ses séjours à Paris. Mais non. Les Weil étaient accrochés à la rue Auguste-Comte comme des moules à leur rocher.

Qui, à l'époque, a essayé de comprendre l'affreuse tristesse de ce «divorce à quatre»? Quelqu'un a-t-il tenté de réconcilier le fils humilié, ripostant avec colère aux démarches publiques de ses parents pour le déshériter, et les deux vieux parents mal inspirés, mal conseillés, obsédés de perpétuer le souvenir de leur fille morte?

Un homme, oui, à ma connaissance, le docteur Louis Bercher, consterné par ce «conflit attristant entre personnages qui sont tous bons».

On avait déjà transformé Simone en sainte, Selma en mère de la sainte. Dans cette configuration, André était forcément le diable. Le caractère emporté de mon père n'arrangeait pas les choses. Des personnalités connues dans le monde intellectuel parisien se sont employées pendant des années à attiser les discordes, à exploiter le deuil de cette famille déboussolée qui se ridiculisait tant et plus.

Je ne peux donner ni tort ni raison aux uns ni aux autres. Je peux seulement dire qu'au nom de Simone ils ont réussi à donner à mes années d'enfance un goût souvent amer.

Un jour, j'avais onze ans, j'étais élève au lycée Montaigne, Biri est venu m'attendre à la sortie. Cet hiver-là, je vivais avec ma grand-mère maternelle, mes parents et ma sœur étant à Chicago. C'était une année où mes parents et mes grands-parents ne se parlaient pas. Je passais quatre fois par jour devant l'immeuble de la rue Auguste-Comte et je ne montais pas chez mes grands-parents. Mon père m'avait dit : « Si tu les rencontres, sois polie, mais ne t'attarde pas. » J'ai dû les voir une ou deux fois de loin, marchant lentement, se donnant le bras, identiques dans leurs vieux imperméables sombres et leurs bérets, mais il me semblait qu'ils n'étaient pas vraiment Mime et Biri, biscuits au beurre et croquignoles, mais deux inconnus, deux méchants qui nous avaient expulsées, l'été précédent, ma mère, ma sœur et moi, en l'absence d'André. C'était, je crois, en riposte à une lettre peu amène écrite par lui à la Bibliothèque nationale, et que celle-ci avait communiquée à mes grands-parents.

Et tout à coup, par un triste après-midi d'hiver, voilà Biri qui, à quelques mètres de moi, me regardait en silence, presque timidement, et je voyais de grosses larmes couler le long de ses joues, jusque dans sa moustache à présent blanche et moins fournie. Je suis restée plantée quelques instants, moi aussi, avec mon cartable, à le regarder, incertaine de la conduite à suivre. Je n'ai pas couru vers lui pour l'embrasser. Je lui ai fait un petit signe de tête et je me suis vite éloignée. Je ne me le suis jamais, jamais pardonné.

Il est mort l'année suivante. Nous l'avions revu une fois, amaigri, épuisé. Une trêve d'environ un an suivit ce nouveau deuil. Puis tout recommença de plus belle.

Les métamorphoses du *Kuckucksei*

On racontait dans la famille que Selma se vantait en riant d'avoir joué *L'Internationale* au piano, dans le salon d'un assez grand hôtel, à la montagne, où les quatre Weil passaient quelques jours de vacances, peu après la Première Guerre mondiale. Plusieurs pensionnaires ayant énergiquement protesté, le directeur de l'hôtel avait envoyé une femme de chambre la prier de mettre un terme à cette manifestation indécente. Les beaux-frères et belles-sœurs de Selma étaient au moins aussi horrifiés que les riches clients de l'hôtel, et on en parlait encore un demi-siècle plus tard.

Alors, un peu pétroleuse, la mère d'André et de Simone?

Au cours de sa longue vie, ma grand-mère Selma a subi un certain nombre de métamorphoses. Personnage théâtral s'il en fut jamais, capable de se couler dans des rôles assez variés et de les jouer tous à merveille, je l'ai seulement connue dans ses deux derniers rôles. D'abord, durant ma petite enfance, celui de mère endeuillée, me servant toutefois de mère, à moi, sa petite-fille, avec un amour et un dévouement inlassables, renonçant par exemple, en 1944, durant les chaleurs écrasantes de l'été new-yorkais, aux quinze jours de vacances à la campagne offerts par notre riche cousine Blanche-California Weill, parce qu'elle craignait que dans un hôtel sa «princesse» (moi!) ne puisse pas passer ses journées dans la baignoire, seule occupation qui plaisait cet été-là au bébé que j'étais. Elle m'enveloppait dans un cocon magique et protecteur, comme elle l'avait fait pour ses enfants, et je l'adorais. Puis, les années passant, je l'ai vue s'épanouir dans son ultime rôle, un rôle étonnant et splendide, le rôle de Mère de la Sainte.

Cela se passait rue Auguste-Comte, dans l'appartement transformé en une espèce de temple avec, au fond du couloir, le saint des saints, la chambre de Simone : dès l'entrée, sur la droite, la malle recouverte du napperon, la grande photo, les fleurs dans le vase. La longue table de bois, les livres bien rangés sur des rayons de bois blanc, qui n'avaient jamais été ceux de Simone, ses éditions Budé, son missel grégorien, et aussi sa grande édition des romans de Restif de La Bretonne. Simone avait pensé, à une certaine époque, acquérir par cette lecture quelques connaissances sur les réalités de la vie, expliquait mon père d'un ton mi-moqueur, mi-sérieux, et comportant même une pointe d'admiration, comme si ce projet bizarre d'apprendre la vie dans Restif était encore une marque mystérieuse de la supériorité de la trollesse. Il parlait toujours ainsi de sa sœur.

Ma grand-mère, vêtue de lainages sombres et peu féminins, la tête recouverte d'une mantille de dentelle noire qui, lui retombant sur les épaules, allongeait son visage et lui donnait un air vaguement religieux, les lèvres étirées en un long sourire douloureux, recevait les admirateurs de Simone, leur prodiguait sa tendresse et exigeait qu'ils l'appellent Mime.

Elle qui n'avait jamais voulu être appelée maman ni grand-maman, signait à présent « la maman de Simone » les copies qu'elle faisait, à la main, de textes de sa fille, pour les offrir à ses amis.

Elle qui, jadis, détestait les calotins, entretenait des correspondances mystico-sentimentales avec un petit cercle d'ecclésiastiques. Ceux-ci, devenus les habitués de la rue Auguste-Comte, l'étaient aussi des apparitions de Simone ;

celle-ci marchait avec eux, les accompagnait, ils en étaient certains, et sa présence était chargée pour eux d'une très pure et très tendre amitié... «Il n'est pas de jour que je ne me tourne vers elle et, dans le silence, la consulte», écrivait l'un ou l'autre de ces fidèles.

Ils s'enfermaient avec Selma dans la chambre de Simone. Quand ils étaient loin, ils lui écrivaient. Les correspondances, bien sûr, je ne les ai vues que plus tard.

Ils appellent ma grand-mère leur très chère Mime. Ils lui déclarent que Simone revit en elle, à travers elle, que peu de mères sont comblées comme elle, chère Mime qui ne vit plus, depuis tant d'années, qu'avec sa fille, par sa fille, pour sa fille. Ils lui disent qu'elle est immortalisée en Simone. Ils lui disent: «Simone et vous, ce n'est qu'un.» Ils déclarent que la perdre serait intolérable car ce serait perdre à nouveau Simone. Elle leur est «une présence réelle» de Simone.

Et puis ses correspondants n'en finissent pas de l'embrasser tendrement, et bien sûr respectueusement..., avec une tendresse respectueuse..., en tendre respect. Les expressions varient, on sent le désir de ne pas se répéter.

Elle aussi, la maman de Simone, les embrasse tendrement, et même avec toute sa tendre affection. Elle retrouve le ton des correspondances sentimentales de jeunes filles où, adolescente, elle s'épanchait longuement, et aussi de celle qu'elle eut plus tard avec Mlle Chaintreuil, l'institutrice de ses enfants, devenue sa grande amie et confidente.

Bravo Mime! À présent, avec le recul, je suis fière de toi! Pourquoi pas, en cette fin de vie assez triste, il faut le dire, pourquoi pas, à plus de quatre-vingts ans, ces petits flirts ecclésiastiques, tellement agréables et flatteurs, avec leur cortège de tendres et respectueux baisers, et tous ces je suis avec vous, vous êtes avec moi, Simone est en nous, et nous sommes ensemble en Simone.

Cependant, à l'époque, non seulement je n'étais pas fière

de toi, mais je détestais de toute mon âme ces cafards qui venaient se rouler à tes pieds, susurrant, marmonnant comme un mantra ce nom de Simone dont ils se servaient pour envahir mon territoire. À dix ans, j'avais lu *Tartuffe*, et je méprisais les prêtres grassouillets que tu invitais à déjeuner, et qui s'attablaient béatement pour manger ta choucroute, dévorant des morceaux de viande, même le vendredi, affirmant qu'en voyage tout est permis !

Et, à ces hypocrites, la pauvre Simone avait écrit ses pages les plus sincères et les plus désespérées ! Et eux, maintenant, très chère Mime et la choucroute.

Les cafards avaient pris toute la place et il n'en restait guère pour nous. La maman de la sainte était tellement accaparée par ses fonctions qu'elle n'avait plus vraiment le désir d'être grand-mère. Les flirts ecclésiastiques tissaient autour de celle qu'ils appelaient Mime une toile de sainteté qui devait la séparer définitivement de nous, sa famille. En faire une inconnue.

Cette inconnue était née à Rostov-sur-le-Don. Elle avait été nommée Salomea en souvenir de son grand-père Salomon Sternberg mort peu avant sa naissance. La petite Salomea, dite Selma, était nihiliste à deux ans et demi au dire de son frère et, à sept ans, d'une indépendance choquante, s'il faut en croire une proche parente. Hermine l'affublera, tendrement peut-être, mais tout de même, du surnom peu flatteur de *Kuckucksei*. L'œuf de coucou, l'œuf tombé d'ailleurs, d'on ne sait où, jeté dans le nid par hasard et destiné à ne causer qu'ennuis et contrariétés à son entourage. Ce surnom lui restera.

Peut-être faudrait-il décrire la vie de la famille Reinherz à Anvers, dans la spacieuse maison remplie de musique, où domine la mère, Hermine, très comme il faut, et très autoritaire. « Une jeune fille n'a pas d'opinion », répète-t-elle volontiers à ses filles, et cela même lorsqu'elles auront vingt ans passés! Le père, Adolphe Grigorievitch, se fait vieux, et partage son temps entre son commerce de grains et ses poèmes hébraïques. Le fils chéri, Félix, lumière de la famille, excellent violoniste à dix-huit ans, étudie le droit à l'université de Bruxelles et dessine merveilleusement. Les trois filles aux voix d'or sont aussi très bonnes pianistes et, cela va sans dire, parfaites futures maîtresses de maison.

Comment je sais tout cela? C'est une famille qui ne cesse d'écrire. Hermine Solomonovna va régulièrement rendre visite à sa nombreuse parenté, à Vienne et à Paris, voyageant, à partir de 1893, avec sa fille aînée Julie, à qui il faut trouver un mari. Et à chacune de ses absences, elle exige quatre pages par jour, en français ou en allemand, de ceux qu'elle a laissés à la maison. Ce sont les lettres que Félix parle de publier sous le titre: *Lettres d'une famille intelligente.*

Les lettres de Selma adolescente révèlent une nature violente et passionnée, qui piaffe d'impatience et d'ennui. Ayant «terminé» ses études vers quinze ans, les principales occupations de la jeune fille sont désormais les activités ménagères, tandis que le frère chéri mène la vie exaltante et mouvementée des étudiants.

Il reste à Selma la musique. Et la diction.

Chère maman, je t'entends d'ici dire: elle a trouvé un nouveau dada. Mais vraiment c'est très sérieux, une véritable passion, même. Mon amie Céleste dit que notre professeur de diction, qui a soupé chez eux mercredi, a tellement fait mon éloge! Vous voyez d'ici mes transports de joie. Je vous en prie, ne croyez pas aux blagues que Félix dit. Il raconte sur moi des choses! C'est faute d'avoir un sujet suffisant pour remplir quatre pages.

Cette passion pour la diction s'accorde évidemment avec un certain goût pour le théâtre. À seize ans, Selma aime jouer à la dame qui sort bien mise, coiffée d'un joli chapeau. Et Félix, le grand frère adoré, très protecteur envers ses petites sœurs qu'il appelle ses marmots, se prête au jeu, mais n'épargne pas ses moqueries.

En ville, on s'amuse beaucoup des airs de ma sœur quand elle va faire des courses. On la considère, c'est elle qui le prétend, comme une jeune femme sortant avec son mari. Le mari, c'est Bibi ! Pour acheter deux anchois, elle trouve le moyen de faire le prodige suivant : entrer chez Locus, y manger deux gâteaux, idem chez Lenz, acheter du roquefort, et finalement oublier les anchois. Aussi, quand j'ai le bonheur de me promener avec elle, comme aujourd'hui, nous voit-on arpenter trente-six fois la rue des Tanneurs, le pont de Meir et le marché aux Souliers. Et comme nous ne manquons pas de rencontrer une cinquantaine de mes camarades, mademoiselle est dans la jubilation.

Et puis la tragédie. En novembre 1895, Félix meurt, à vingt ans, de la fièvre typhoïde. La famille Reinherz va séjourner dans un hôtel à Bruxelles, revient à Anvers, ne supporte plus la maison, déménage. Adolphe Reinherz vieilli, silencieux, ne se remettra jamais de la mort de son fils.

Au printemps suivant, Hermine voyage de nouveau avec Julie, toujours à la recherche d'un mari. Les exigences envers la famille restée à la maison n'ont pas changé : quatre pages ! Les correspondances familiales continuent donc sur du papier de deuil bordé de noir, mais on ne mentionne plus jamais Félix.

Nous retrouvons une Selma qui se donne beaucoup de mal pour rassurer sa mère, une Selma volubile, qui accumule les détails propres à distraire un instant la pauvre maman endeuillée.

[...] voyant que mon chapeau avait fortement souffert de sa villégiature à Westerloo, j'ai complètement enlevé la garniture et j'ai entrepris la tâche ardue de regarnir le chapeau [...] Avec la patience que tu me connais, j'étais bientôt dans le plus noir découragement, et je pleurais parmi les chiffons de tulle, de gaze et de dentelle, comme Marius (si ce n'est lui, c'est un autre) sur les ruines de Carthage.

J'ai été occupée à fabriquer mon couvre-chef pendant tout l'après-midi et la soirée d'hier. Ce matin, après avoir causé avec papa, fait les lits, raccommodé des bas, cousu des boutons (c'est invraisemblable, mais la vérité pure tout de même), j'ai pris ma leçon avec Miss Adams...

Quelques jours plus tard :

Ma chère maman et chère Juleke, je travaille comme un nègre, au propre et aussi bien qu'au figuré, car je suis noire de poussière à l'instar d'un habitant de la Nouvelle-Zélande [...]

Aujourd'hui j'ai rangé la serre, compté trois paniers de linge, rangé, épousseté, brossé les chambres du premier – dis encore que je ne suis pas en passe de devenir une maîtresse de maison modèle. Encore une décoration à ajouter à celles qui ornent déjà ma poitrine.

Suivent presque toujours de grandes déclarations d'amour :

[...] si l'invraisemblable un jour devenait vrai, si je devais dans le lointain avenir me marier, jamais je ne pourrai avoir pour mon mari la tendresse passionnée et la confiance aveugle que j'ai en toi. Au revoir, chère, chère maman, je t'embrasse mille et mille fois.

Ça, c'est du vrai, de l'authentique Selma. Toute sa vie, elle sera la grande spécialiste des déclarations de tendresse exclusive et passionnée, des milliers et des millions de baisers. À ses deux enfants, à son mari. À moi.

Une fois mariée, Selma maintiendra la tradition instaurée par sa mère. Les quatre Weil s'écriront constamment. Selma est presque aussi exigeante que l'était Hermine : à peine reçoit-elle une lettre qu'il lui en faut une autre. Un jour Simone se révoltera :

> Il y a une erreur, avant tout, à ne pas commettre à mon sujet : ce serait de croire que je suis un amour, écrit-elle d'Italie (elle a vingt-huit ou vingt-neuf ans) en réponse à une lettre où Selma lui dit qu'elle serait un amour de lui écrire tout de suite.

Simone enchaîne :

> En cinq jours, j'envoie deux lettres et un télégramme. Ça me paraît plus que suffisant [...] L'obligation d'écrire ainsi me gâtera, si ça continue, tout le plaisir du voyage.

Et moi, lorsque j'avais sept ou huit ans, je m'étonnais et m'indignais parce que les réponses de Mime à mes lettres finissaient inévitablement par quelque chose du genre «Ce serait si gentil si tu nous écrivais...».

La coquette Selma, qui avait été parfaite maîtresse de maison à dix-sept ans, va prévoir une tout autre éducation pour sa fille. Celle-ci ne passerait pas ses journées à fabriquer des chapeaux ! Selma veut en faire une sorte de garçon. En juin 1914, elle confie à sa grande amie Mlle Chaintreuil :

Je fais de mon mieux, pour encourager chez Simone, non les grâces de la fillette, mais la droiture des garçons, même si elle devait ressembler à de la brusquerie!

Car elle déteste les petites filles et leurs «petites poses et grimaces devant le monde».

On m'a souvent raconté l'incident suivant, appelé dans la famille «la fameuse visite chez le tailleur»: Simone a quinze ans, Selma et sa belle-sœur emmènent les deux cousines, Simone et Raymonde, chez le tailleur de famille. On procède à l'essayage de jupes et de manteaux pour les deux jeunes filles. Simone se laisse habiller mais refuse de se regarder dans le miroir. On la supplie de bien vouloir jeter un coup d'œil au moins pour voir si elle est satisfaite du travail du tailleur. Simone regarde obstinément de côté.

– Mademoiselle est toute à ses études, déclare le tailleur, diplomate.

Avait-elle peur de se trouver jolie? Pensait-elle déjà ce qu'elle notera plus tard dans un cahier, qu'une jolie femme qui se regarde dans la glace peut croire qu'elle n'est que cela?

Et Selma, cet après-midi-là, a-t-elle ressenti triomphe ou inquiétude? Était-ce bien ce qu'elle avait voulu? Elle est pourtant coquette pour sa fille. Une photo de classe montre Simone, vers treize ans, vêtue d'une jolie robe, les cheveux en bataille, mais bien coupés.

Quelle sorte de mère a donc été le *Kuckucksei*? Une mère remplie de contradictions, je crois. Pour commencer, bien sûr, elle a été une mère louve tout à la fois fière et inquiète, ne quittant pas une seconde ses enfants des yeux.

[...] ma grande ambition, mon grand désir pour l'avenir de mes enfants, ce n'est pas qu'ils soient utiles, ni bons ni intelligents, c'est qu'ils soient heureux ! Je m'exprime mal, sans doute, mais tout de même il y a au fond dans l'amour maternel beaucoup d'égoïsme. C'est un besoin presque animal d'écarter toute souffrance de ses petits !

Avec André, elle est servie ! En juin 1914, elle écrit :

J'ai l'impression très nette, avec André, qu'on peut l'influencer mais pas le diriger, il a une personnalité trop marquée pour cela. Sans doute ai-je tort de me faire des soucis, car s'il a maintenant cette heureuse nature qui lui procure des jouissances de tous les instants, il n'y a pas de raison qu'il ne soit pas heureux aussi plus tard.

Déjà jouisseur à huit ans, mon père !
Et déjà occupé à faire des maths :

Depuis cet été il a une véritable passion pour la géométrie. Il s'est emparé d'un livre d'un de ses grands cousins (*Géométrie* par Émile Borel) et je ne puis vous décrire l'ardeur et la joie avec laquelle il étudie ce volume et fait des dessins. Je n'ai pas le courage de le priver de ce plaisir, bien que cette étude soit certainement au-dessus de son âge… écrit Selma en décembre 1914.

Simone, en revanche, lui donne du fil à retordre. Juin 1914 :

Rien à faire tant que dure son état de méchanceté, on ne peut ni raisonner avec elle, ni la calmer par des paroles affectueuses, ni la faire obéir en prenant un ton sévère. Je l'ai sûrement trop gâtée. Simonette est une vraie petite femme et sait à merveille exercer son charme quand cela lui plaît.

Selma semble douter d'elle-même, elle n'a pas encore réussi à faire de Simone un garçon, et ne sait pas non plus en faire une vraie petite fille docile.

En juillet 1914 :

> Je passe mon temps à empêcher Simone de se faire faire la cour par des jeunes gens! Elle a beaucoup de succès auprès d'eux et cela lui plaît beaucoup, mais je ne puis plus supporter de voir ces jeunes gens la flatter, la caresser... aussi suis-je obligée de surveiller sans cesse cette petite coquette en herbe, qui, malgré ma défense, ne manque pas une occasion de causer avec ses adorateurs!

N'est-il pas remarquable que, dans l'une de ses dernières lettres à ses parents, celle qui avait été, à cinq ans, une « coquette en herbe » reprenne ce thème des admirateurs néfastes :

> [...] je vous en supplie, protégez-la des échanges de sourires avec les admirateurs! Je vous assure que son caractère commence déjà à se former. Cette petite délicieuse peut très bien tourner en être égoïste et sans cœur (et toujours délicieux). Ces pensées sont pénibles, mais nous lui devons de ne pas simplement jouir d'elle.

La petite délicieuse, c'était moi. Je n'avais pas un an.

Les biographes de Simone ne se sont pas fait faute de décrire les tours pendables que jouaient Simone et André. Ils allaient quémander des friandises chez les voisins, affirmant qu'ils mouraient de faim, ou se promenaient en plein hiver pieds nus dans des sandales, claquant des dents à qui mieux mieux, si bien que les passants insultaient leur mère. Mime riait beaucoup de ces tours, elle en riait encore en me les racontant un demi-siècle plus tard. Or c'étaient, me semblait-il, des tours destinés à la faire paraître mauvaise mère! André et Simone la trouvaient-ils trop parfaite? Étouffante?

Combien de fois ai-je entendu André dire qu'il était allé enseigner en Inde en partie pour fuir! Et il ajoutait:

– Simone n'a pu fuir nulle part. Sauf à la fin, bien sûr.

Ma grand-mère donnait souvent l'impression qu'elle était sur scène. Quand elle entrait dans une pièce, elle l'emplissait de sa présence. Quand elle la quittait, la pièce tout d'un coup paraissait vide.

Ce qu'elle écrivait avait aussi cette qualité «théâtrale». On aurait pu aussi bien dire tout simplement qu'elle «en rajoutait». Oui, Selma était quelqu'un qui «en rajoutait» toujours un peu, pour mieux se conformer au rôle qu'elle jouait à ce moment-là.

Cela remonte à l'adolescence. En mai 1896 Selma, qui a dix-sept ans, écrit à sa mère cette lettre vraiment surprenante:

Gertrud, malgré tes craintes, se conduit très bien, et je m'entends très bien avec elle, c'est-à-dire qu'elle accueille les deux ou trois mots que je lui dis dans le courant d'une journée avec le respect dû à mes capacités et à ma dignité incontestable. Je crois que tu peux être tout à fait tranquille à son égard, et que mon ministère sera caractérisé par le calme le plus parfait. Il me serait tout aussi difficile de prendre envers les bonnes un ton de dédain que de leur parler d'autres choses que du menu ou de l'ouvrage à faire. Je ne comprends pas comment on peut mettre des servantes au courant des choses qui vous touchent personnellement comme tant de personnes le font. Il me serait impossible de tenir une conversation avec une bonne, et j'éprouve une répulsion peut-être exagérée envers toutes les personnes de cette catégorie.

Imagine-t-on plus exécrable bourgeoise? Selma est-elle sincère? Force-t-elle la note pour plaire à sa mère? (Vers la même époque, elle se lamente de n'être qu'un *Kuckucksei* qui ne fait jamais rien de bien.) On a peine à croire que c'est la même Selma qui jouera *L'Internationale* dans un hôtel chic. La même qui sera charmée de voir sa fille, à son tour âgée de seize ans, réunir le soir, dans le jardin, les femmes de chambre de l'Hôtel du Château, à Challes-les-Eaux, et leur conseiller de se syndiquer! La même qui, en décembre 1931, écrira fièrement du Puy, à André, alors professeur à Aligarh, en Inde:

> Et maintenant, que je te raconte les invraisemblables canulars qui se passent ici. Jeudi dernier une délégation de chômeurs devaient aller chez le maire, il n'y a pas encore de secours aux chômeurs votés dans le patelin, tout ce qu'on a fait est de leur permettre de casser des cailloux, à six francs le mètre cube [...] cela se passe sur une grande place devant le lycée [...] Aussitôt la trollesse a décidé de prendre les choses en main, vu la timidité des prolétaires dans ce repaire de calotins. Elle leur a donc proposé de faire partie de la délégation; ils ont accepté d'enthousiasme. [...] L'inspecteur du Puy lui a montré le rapport de police sur elle; tout ce qu'elle a fait y est consigné (le rédacteur du seul journal un peu à gauche du Puy lui a dit qu'il y avait deux «casseroles» parmi les chômeurs qui sont immédiatement allés à la préfecture pour tout raconter). Dans ce rapport il est dit,

entre autres, qu'à la sortie du conseil municipal elle est allée payer à boire à quelques-uns des chômeurs dans un café (ce qui est vrai : il est à supposer même que les «casseroles» en étaient, ce qui est particulièrement rigolo), que le lendemain elle a serré la main (!!) à deux chômeurs sur la place devant le lycée, qu'elle avait en main *L'Humanité*, etc. Il y a aussi une plainte émanant de l'Association des parents d'élèves [...]

Enfin, tu vois que ta soror a bien mérité tes félicitations.

Selma s'est à présent coulée dans un autre rôle, un rôle assez glorieux mais pas de tout repos : celui de mère d'une trollesse professeur et syndicaliste, mère de celle que la presse de droite, reprenant le mot de certains professeurs de Simone à l'École normale, nomme «la vierge rouge».

Cependant, la mère bourgeoise qu'est Selma n'a pas encore totalement baissé les bras. C'est durant ce même séjour au Puy qu'elle écrit à Bernard : «Non, vois-tu, je crois qu'elle n'est pas mariable !» Elle écrit cela avec le sourire, bien sûr, comme le font tant de mères. Simone n'a pas tout à fait vingt-trois ans, elle a le temps de devenir «mariable», sa mère y croit encore...

Presque au même moment, à André qui vient d'annoncer qu'il a fait une découverte en mathématiques, elle répond (après avoir écrit à Bernard pour lui dire qu'elle a pleuré de joie en apprenant la nouvelle) :

Rien au monde ne pourrait me causer plus de joie que ce que tu nous racontes de ton travail, et moi aussi je te félicite du fond du cœur pour la «naissance» que tu as annoncée [...] Quelle chic sensation ce doit être que de trouver quelque chose de nouveau !

Mais que souhaite-t-elle donc vraiment, la mère de la vierge rouge, que veut-elle pour ses enfants? Quels vœux adresse-t-elle, en décembre 1931, à son cher et génial «gosse» qui a fui jusqu'en Inde sa trop parfaite mère?

Je vois arriver avec joie l'année 1932 en pensant qu'elle te rendra à nous. Reçois tous mes vœux, mon chéri, tu sais que ton bonheur et celui de Simone sont notre seul espoir et notre seule ambition.

Au bout du compte, celle qui refera toujours surface, celle qui persistera, c'est la mère louve. Jusqu'à la fin. La louve qui, même une fois devenue Maman de la Sainte, soupirera cependant bien souvent «J'aurais tellement préféré qu'elle soit heureuse!».

Ces visages détruits

« *Simone, I love you!* »

Ainsi se terminait une conférence, à New York, il y a un certain nombre d'années. C'était une conférence remplie de sensibilité et d'intuitions intéressantes concernant le parcours de Simone Weil, et qui finissait sur cette déclaration d'amour, amenée par une longue – et sanglante, si je me souviens bien – description de l'accouchement de la Vierge donnant naissance à Jésus.

Et moi, ma chère (ainsi écrivait-on dans la famille, souviens-toi), ma géniale tante, ma sainte tante, il y a des jours, beaucoup de jours, où vraiment je ne t'aime pas.

Réfléchis un peu à l'héritage que tu m'as laissé. Tu m'as laissé une famille détruite. Tu m'as laissé les larmes de tes parents – que j'appelais, bien sûr, Mime et Biri, comme André et toi les aviez toujours appelés –, tes parents qui m'ont en partie élevée, et dont je n'ai jamais connu que les visages désespérés. Je les ai assez peu vus sourire, ou alors des sourires tristes. Je ne les ai presque jamais vus rire, rire de bon cœur, rire de bonheur.

La « source de réconfort » que tu leur laissais n'était qu'un bébé, qui n'avait pas la force de porter un tel désespoir ! Cependant, il paraît que je remplissais de mon mieux mes devoirs de bébé consolateur. Comment je le sais ? Écoute ce que disait, ou plutôt ce qu'écrivait Mime, un an après ta mort, alors que je vivais avec mes grands-parents dans l'appartement de Riverside Drive où toi aussi tu avais habité :

Je fais tout ce que je peux pour ne pas pleurer devant elle, mais quand cela m'arrive, elle s'en aperçoit tout de suite et accourt pour me caresser en disant «amour» avec un sourire si adorable que le cœur fond en la regardant.

De cela, je ne me souviens pas.

Mais je me souviens, et c'est l'un de mes premiers souvenirs, des larmes coulant dans la moustache de Biri, et de là sur mon front.

Je suis sur ses genoux, nous sommes sans doute dans leur appartement de São Paulo, où j'ai aussi vécu avec eux. Je suis sur les genoux de Biri, et il me montre un carré de papier un peu brillant sur lequel je le reconnais, lui, bien que ses cheveux et sa moustache m'y paraissent trop foncés. Il est assis sur un fauteuil, dans un jardin, et il tient une petite fille brune sur ses genoux. Comme il me tient, exactement. Joyeuse, je m'exclame : «Ça, c'est Biri!» Mon grand-père, le doigt sur la photo, me répond d'une voix qui tremble : «Et là c'est ma petite fille, à moi! Tu lui ressembles.» Je sens contre ma joue sa moustache toute mouillée. Je pense Mais non, sa petite fille, c'est moi! Au début, je ne comprends pas. Mais cette photo il me la montre souvent, et bientôt je comprendrai que j'ai un double et que l'existence de ce double, sur une vieille image tout écornée, fait pleurer mon grand-père.

Alors, pour qu'il ne pleure plus, j'ai dû lui dire : «Fais-moi sauter sur tes genoux, chante-moi *Hoppe, hoppe, Reiter*!»

Tant de décennies se sont écoulées et, cependant, j'ai toujours le cœur chaviré quand je regarde les photos de Mime et de Biri sur leurs passeports, sur leurs visas et leurs cartes de séjour, ces visages de vieux désemparés et vides. Gris, comme exsangues, et les yeux horriblement ternes.

Ces vieux vont se traîner d'un continent à l'autre, d'Amérique du Nord en Amérique du Sud, du Brésil en Suisse, d'un lieu dont ils n'ont que faire à un autre, où ils n'ont rien à faire non plus sinon s'occuper de moi, moi qui, en vérité, ne remplace pas leur «Simonette».

Tu m'as légué ces visages détruits, ces larmes, et ces dernières lettres où ils te parlent comme on parle à une enfant adorée. Ton père t'envoie des formules de médicaments contre les migraines, et il blague, à son habitude :

Nous ne manquons de rien, surtout depuis que nous gagnons tous les deux des tas de galette. Que dis-tu de cela ? Moi professeur ? On aura tout vu !

Ta mère se préoccupe de te savoir convenablement habillée pour les jours de chaleur, et te recommande de te nourrir comme il faut. Ils te parlent de moi, et tu leur réponds que tu vas très bien et que tu ne te lasses pas de recevoir des détails sur «Sylvie au sourire ensoleillé». Tu es en train de te laisser mourir.

Ce n'est pas comme si tu les avais quittés malgré toi. Comme si tu avais été déportée, fusillée. Ce n'est pas un deuil ordinaire que celui d'une fille qui tenait absolument à se détruire et qui y a réussi !

La guerre, la fuite, l'exil, l'extermination de six millions des leurs, dont un certain nombre de très proches parents partis de Drancy pour Auschwitz par le convoi 67, le 3 février 1944, ils en parlaient à peine, c'était comme si le deuil de tout un monde disparu s'était entièrement concentré, ramassé, dans un deuil unique, le deuil de toi.

Un mois avant ta mort, tu écrivais que seuls tes parents pourraient te «recoller». Ta mort a décollé ta famille pour toujours. Nous avons vécu décollés.

Le garde-meubles

Pendant que mes grands-parents copiaient, mes parents se rendaient dans un endroit qui s'appelait le garde-meubles.

Ce mot revenait souvent, il faisait partie du vocabulaire familial. Je l'entends encore, prononcé par mon père ou par ma mère. Mon père demandait : «Tu comptes aller au garde-meubles, aujourd'hui ?» Ma mère annonçait : «Je suis passée au garde-meubles, ce matin.» Il me semblait que le garde-meubles était un endroit où les adultes se rendaient assez fréquemment, comme chez le coiffeur ou le dentiste. Ma mère allait prendre le thé chez une amie, ou bien elle allait au garde-meubles. Ou les deux, l'un après l'autre. Je n'avais aucune idée de ce qu'il pouvait bien y avoir dans un garde-meubles, car le mot «meubles» disparaissait dans ce composé, et perdait son sens pourtant concret et connu de moi. Nous vivions, quand nous étions à Paris, dans un appartement immense, triste et dépourvu de meubles, et mes parents allaient faire des stations dans un endroit qui s'appelait le garde-meubles. Qu'y faisaient-ils ? Mystère.

Que pouvait-il bien y avoir dans ce garde-meubles, puisque les Allemands avaient tout pris ? Je l'ai su plus tard : des livres, des vêtements, en particulier ceux que portait André en Inde, où il s'amusait à se faire passer pour un jeune gentleman du Cachemire, des souvenirs de voyages, entassés au hasard dans de vieilles malles, et quelques meubles sans valeur ayant appartenu à la famille de ma mère. Tout ce bagage assez décevant fit son entrée rue Auguste-Comte en 1965, après la mort de Selma.

Il m'a fallu longtemps pour comprendre que mes parents espéraient qu'un retour définitif en France leur permettrait de placer ce qu'il y avait au garde-meubles, dans un appartement qui serait à eux, à Paris, ou bien à Strasbourg.

Ce retour définitif n'eut jamais lieu.

On a accusé mon père de lâcheté, parce qu'il n'a pas rejoint les drapeaux en septembre 1939. On a écrit que Simone, par ailleurs si férue de sacrifice et d'héroïsme, avait compris, encouragé, soutenu la «lâcheté» de son frère. Il ne s'agissait pas de lâcheté. Ce qu'elle a compris et soutenu, c'est que, comme elle, il était animé par une passion, la passion de remplir ce qu'il considérait comme sa mission sur terre. On peut rétorquer que les mathématiques ne sont pas essentielles au bonheur de l'humanité, et qu'au moment où Hitler va envahir la France il y a des choses plus importantes. C'est un point de vue qui se soutient. André, terriblement myope, était convaincu de son peu d'utilité comme lieutenant d'infanterie, et de sa grande utilité comme mathématicien. Simone, tout aussi myope, était déjà partie en 1936 «faire la guerre» en Espagne, et avait exigé qu'on lui donnât un fusil. (Ses camarades se terraient quand elle le tenait, car, incapable de viser, elle était bien plus dangereuse pour eux que pour l'ennemi.)

Simone a payé de sa vie son désir fou, et vain, de participer au combat, et surtout aux souffrances des Français sous l'Occupation allemande.

André a payé toute sa vie sa décision malavisée de rester en Finlande au moment de la déclaration de guerre, au nom des mathématiques. Après la Libération, il pensa naturellement rentrer en France pour y reprendre un poste dans une université. On parla du Collège de France. Les rancunes et rivalités de l'après-guerre – période durant laquelle il était à la mode de se faire passer pour plus héroïque qu'on ne l'avait été – firent qu'une petite cabale d'universitaires «bien-pensants» et «dans la ligne» réussit à empêcher son retour, malgré les efforts de plusieurs de ses collègues de l'équipe Bourbaki, qui se battirent pour lui comme des diables. (Un grand mathématicien français devait dire, à la mort d'André, que toute une génération de mathématiciens français avait ainsi été privée de l'un de ses plus grands maîtres.)

Ce n'est pas de gaieté de cœur qu'André passa le reste de sa vie à Chicago, puis à Princeton, dans une sorte d'exil qu'il n'avait pas choisi. Cet exil confortable, certes, mais forcé, allait affecter notre vie de famille durant toute mon enfance et bien au-delà, car nous avons vécu une vie morce-lée, ponctuée de départs, de retours, et surtout de longues séparations.

André n'aimait pas beaucoup l'Amérique, en tant qu'Amé-rique, malgré les excellentes conditions de travail qu'il y avait trouvées. Il put inviter à Chicago nombre de ses collègues français, et les volumes des œuvres de Bourbaki parus à cette époque indiquaient comme lieu de rédaction «Nancago» (pour Nancy où enseignaient plusieurs membres de Bourbaki, et Chicago où se trouvait André). Pendant un temps il a espéré qu'un retour en France serait possible. Je crois qu'il a multi-plié les démarches. Puis, réaliste, il a renoncé. Je ne l'ai jamais entendu se plaindre. Mais il n'a jamais, contrairement à ce que l'on a pu dire, pris la nationalité américaine.

Vers la fin de sa vie, il a retrouvé, presque par hasard, un cousin, le petit-fils d'Anna Sternberg, sœur d'Hermine. C'est moi qui ai organisé la rencontre et qui ai conduit André, pour qu'il revoie Otto, installé non loin de Philadelphie. Les deux cousins étaient à peu près du même âge. Ces retrouvailles de deux octogénaires avaient, cela va de soi, quelque chose de touchant et c'est, naturellement, de la guerre qu'ils ont parlé. «Alors toi, où étais-tu, quand es-tu sorti, par où es-tu passé, comment as-tu vécu, survécu?»

Mais lorsque le cousin Otto demanda à mon père s'il était devenu américain, sur un ton impliquant qu'il n'en doutait pas, quelque chose comme «Bien entendu, tu es devenu américain?», André eut un air surpris. «Pour quoi faire? Je suis français.»

Le cousin Otto eut un petit rire gentil. «C'est vrai, tu es français. Moi j'ai été autrichien, tchèque, polonais, et belge. Français, non. Mais je leur dois la vie, aux Français.»

Histoire du cousin Otto: cela se passe dans les Pyrénées en 1942.

Otto, sa femme et leurs deux enfants étaient depuis plusieurs jours cachés dans une grange. À l'étage, sous le toit. Le fermier leur apportait à manger, et les tenait au courant de la situation. Encore quelques jours de patience, et il pourrait les faire passer en Espagne.

Un soir, alors qu'ils s'endorment, ils entendent des bruits inhabituels, venant du corps de logis. Des voix qui s'élèvent, qui crient. Le fermier a dû prendre une cuite. Puis tout se calme. Au réveil, Otto regarde dehors, par une fente entre deux planches. La ferme se trouve au sommet d'une colline, la vue est splendide. Mais ce matin-là il voit une douzaine de gendarmes, conduits par le fermier et suivis d'une camionnette, qui montent droit vers la grange.

Otto alerte sa femme. Le fermier les a vendus. D'où la cuite d'hier. Ils serrent leurs enfants dans leurs bras. Les enfants sont assez grands pour comprendre et partager l'angoisse de leurs parents et leur certitude que, je cite Otto, tout est foutu. Accrochés les uns aux autres, ils s'embrassent et vivent leurs derniers moments de liberté. Le cortège contourne la grange et disparaît, se dirigeant évidemment vers la cour, d'où ils pénétreront dans la grange. De là où ils sont enfermés, Otto et sa famille ne voient pas la cour, mais ils entendent la camionnette manœuvrer. Du temps passe. De nouveau le vrombissement du moteur et, presque aussitôt, toujours par la fente entre les planches, Otto voit le fermier, les gendarmes et la camionnette reparaître et redescendre la route en bon ordre.

Plusieurs heures s'écoulent. Le silence dans la ferme est total. Otto et sa femme s'épuisent en conjectures et se demandent quoi faire. Les enfants ont faim et soif. Enfin, la porte de leur grenier s'ouvre, un paysan qu'ils n'ont jamais vu leur tend quelques provisions et leur explique que, la veille au soir, le fermier a trouvé sa femme au lit avec un autre, et les a tués tous les deux. Assommés, poignardés. Avant d'aller se dénoncer aux gendarmes, il s'est rendu chez son voisin pour lui recommander Otto et sa famille.

Trois jours plus tard, le voisin les faisait passer en Espagne.

Rien ne rattachait plus le cousin Otto à l'Europe. Il était devenu américain, il n'avait jamais eu besoin de garde-meubles.

Jérusalem

La première fois qu'André s'est rendu en Israël, plus précisément à Jérusalem, il a eu une légère attaque. Les crises de nerfs, les grandes colères, il en était coutumier. Mais là, c'était un peu plus qu'une crise de nerfs. Il s'agissait d'une vraie poussée de tension. D'un vrai moment de vertige. Il a fallu faire venir le médecin de l'hôtel.

C'était en septembre 1979. Lauréat du prix Wolf, André découvrait Jérusalem. Nous l'accompagnions, ma mère et moi.

Cette poussée de tension, pouvait-on l'expliquer par le fait qu'il partageait le prix avec Jean Leray, mathématicien français renommé, qui s'était en outre distingué par son acharnement, pendant les années d'après-guerre, à empêcher André, « pour des raisons éthiques », de retrouver un poste en France ?

Si André avait dû piquer une crise de nerfs à l'idée de paraître en tandem, à Jérusalem, avec son ancien ennemi, il l'aurait déjà piquée à Paris, car il le savait depuis l'annonce du prix.

C'était seulement la deuxième année que se donnait le prix Wolf, fondé par Ricardo Wolf, vieux juif allemand devenu cubain déjà avant la guerre de 1914, grand ami de Fidel Castro qui l'avait envoyé à Tel-Aviv comme ambassadeur en 1961, lui permettant d'emporter avec lui son énorme fortune. Ricardo Wolf garda son poste d'ambassadeur de Cuba jusqu'en 1973. Ce fut la grande époque de la coopération agricole entre Cuba et Israël.

Si mes souvenirs sont exacts, il me semble plutôt que la nouvelle qu'il se rendrait à Jérusalem en compagnie de Jean Leray avait fait rire André. Il avait remarqué que le prix semblait attribué à des tandems constitués d'un juif et d'un non-juif. L'année précédente, en mathématiques, le choix avait porté sur Carl Siegel et Izrail Gelfand.

— Je suis le juif de Leray! proclama André.

Cette idée le mettait de bonne humeur.

Alors, la poussée de tension? L'émotion de se trouver en Terre sainte? Il est vrai qu'André m'avait énormément surprise, six ans auparavant, au moment de la guerre que l'on a appelée guerre du Kippour. Il se trouvait chez moi, dans le Vermont, où j'enseignais, lorsque je reçus un appel téléphonique du *United Jewish Appeal*. Celui-ci demandait à tous les juifs qu'il réussissait à joindre d'envoyer des fonds pour soutenir Israël. Je promis une modeste somme, puis je raccrochai, et dis à André de quoi il s'agissait.

— Ah bon, toi aussi.

Puis, d'un air un peu honteux, comme en s'excusant, il m'avoua qu'il avait déjà envoyé son chèque, ajoutant :

— Ce n'est pas que j'aime spécialement les juifs, ni que je croie que l'État d'Israël soit destiné à durer très longtemps, vu les dispositions de ses voisins à son égard.

— Mais?

— Mais rien. Je n'aime pas spécialement les juifs, mais j'aime encore moins ceux qui veulent les foutre à la mer.

Alors, ému de parcourir les rues étroites de la ville sainte? De pouvoir s'approcher du Mur des lamentations et le toucher? Moins ému à première vue que ma mère qui, elle, s'est dépêchée d'écrire un petit billet et de le glisser entre deux pierres. Elle ne devait me dire que l'année suivante, peu après mon mariage avec Eric, qu'il était exactement celui qu'elle avait demandé dans son billet. Quant à mon père, déjà pourvu par ma sœur d'un premier gendre juif, il ne cacherait pas sa satisfaction que je lui en aie procuré un deuxième. Le *Kotel* (le Mur) s'était bien comporté et avait fourni à mes parents, un an jour pour jour après notre station à son pied, le *Jewish doctor* de leurs rêves.

Tandis que la prière de ma mère faisait son chemin parmi les milliers d'autres prières soigneusement roulées et glissées dans les interstices des pierres du Temple d'Hérode, nous arpentions tous les trois la Via Dolorosa, et mon père retrouvait avec bonheur le talent pour le marchandage qu'il avait acquis au cours des années passées en Inde. Il m'acheta un tapis dont j'avais envie. Cet achat ne se fit pas en dix minutes. Il y eut des entrées et des sorties, on prit le thé avec le marchand arabe, ensuite le marchand et André mirent dûment et à plusieurs reprises en question la virilité l'un de l'autre ainsi que leur appartenance à l'humanité. « *What kind of a man are you?* » s'enquéraient-ils joyeusement, tour à tour. *What kind of a man*, quelle espèce d'homme, pour marchander ainsi un cadeau pour votre fille ? *What kind of a man*, pour essayer de me vendre ce tapis dix fois trop cher ?

J'étais en admiration. Je n'avais jamais vu André ainsi.

Les symptômes de la poussée de tension, migraine, puis vertige, firent leur apparition un shabbat, en fin de journée. Nous avions passé l'après-midi à nous promener dans Jérusalem. La cérémonie de la remise du prix Wolf devait avoir lieu le lendemain, à la Knesset. Le matin, nous avions vu avec amusement Jean Leray faire les cent pas dans le hall de l'hôtel, une feuille de papier sous les yeux, répétant apparemment son discours d'acceptation et de remerciements. André, suivant sa coutume, comptait improviser quelques phrases. Il regrettait, et il ne manqua pas de le dire le lendemain, de ne pouvoir prononcer ces quelques phrases dans «la belle langue hébraïque».

Nous nous promenions donc, mes parents et moi, par un beau shabbat de septembre dans les rues de Jérusalem, lorsque nous sommes tombés sur un spectacle inhabituel, du moins inhabituel pour nous. Nous étions arrivés sur une hauteur donnant sur l'une des artères de la ville. Les bords de cette hauteur étaient occupés par une petite foule d'hommes, d'adolescents et de jeunes garçons, tous vêtus de noir, coiffés de chapeaux noirs, ou de kippas également noires. Nous ne les voyions que de dos et nous n'avons pas tout de suite compris ce qu'ils faisaient là. Ils gesticulaient et parlaient fort.

Nous nous sommes approchés. Aucun ne nous a gratifiés même d'un regard. Ils étaient tous, jeunes et vieux, petits et grands, occupés à jeter des pierres sur les voitures qui passaient sur la route. Les conducteurs de ces voitures violaient évidemment le shabbat.

J'ai dit en riant à André que jeter des pierres sur des automobilistes me semblait une curieuse façon de célébrer le shabbat en famille.

Il ne riait pas. Il avait pris le bras de ma mère.

— Foutons le camp d'ici, ces gens m'épouvantent.

Sous son béret bleu marine, André était verdâtre.

Très vite il s'est plaint d'une forte migraine. Nous sommes rentrés à l'hôtel. Nous avons attendu l'arrivée du médecin. Nous étions inquiètes, ma mère et moi.

André, allongé sur son lit, les yeux fermés, ne cessait de gémir :

— Que des juifs puissent être aussi cons ! Que des juifs puissent être aussi cons !

Un béret bleu marine

– Allons prendre quelque chose au bistrot, veux-tu ? dit mon père, par un après-midi très chaud, si chaud que même les marronniers du jardin du Luxembourg ont renoncé à procurer de la fraîcheur. Ils attendent le soir.

Mon père me donne le bras, ou plutôt me le prend, et nous marchons à petits pas. Nous marchons mais j'ai l'impression de le porter. Je transporte ainsi tout ce qui m'a faite moi. Mon père est un vieil escargot porteur d'une vieille coquille qui est aussi, par la force des choses, ma coquille. Malgré la chaleur, le vieil escargot est vêtu d'un imperméable sombre et d'un béret bleu marine. Mes grands-parents aussi parcouraient le Luxembourg à pas lents, vêtus d'imperméables sombres et de bérets.

Le béret de mon père est exactement pareil à ceux que portaient son père, sa mère, sa sœur. Posé de la même façon. Je possède des photos de tous les quatre, le quatuor Weil, à des époques très différentes, heureuses, malheureuses, en vacances, en exil, tous ensemble, ou seulement à deux ou trois, mais il y a une constante : le béret basque, qui reparaît toujours sur au moins un Weil.

Par exemple, il y a une jolie photo de ma grand-mère avec Simone, à Sitges, en Espagne où elle était partie faire la guerre et n'avait réussi, la pauvre, qu'à s'ébouillanter une jambe. Sur cette photo, Simone, encore en uniforme de milicienne anarchiste, coiffée de sa calotte, sourit d'un sourire de gamine qui s'amuse beaucoup. De toutes les photos que j'ai d'elle, c'est celle où elle se montre le plus franchement gaie. Était-ce d'avoir tout de même un petit peu, à peine quinze jours, fait la guerre? D'avoir retrouvé ses parents? Assise, ou plutôt perchée sur un muret, elle entoure de son bras les épaules de Mime. Celle-ci, appuyée contre sa fille, semble un peu fatiguée mais radieuse de bonheur. Pensez donc, elle a réussi à récupérer sa folle de trollesse en un morceau ou à peu près, en pleine guerre d'Espagne! Mime porte un béret sombre, bien enfoncé sur la tête.

À Marseille, à New York, à Londres, Simone était toujours coiffée d'un béret bleu marine. J'imagine qu'elle en changeait de temps à autre. Où se les procurait-elle? Ma grand-mère portait le même. Peut-être qu'elle les achetait en gros. Du reste, Mime et Simone étaient habillées pareil, de pulls tricotés par Mime, qui tricotait sans cesse. Plus tard, elle tricoterait pour moi plus de robes que je ne pouvais en porter. Elles étaient jolies, mais sombres. Marron, bleu foncé. Les Weil ne donnaient pas dans les couleurs claires.

Pendant les années où il enseignait en Inde (de janvier 1930 à mai 1932), mon père, très jeune, un peu dandy, et aimant à se déguiser, portait des couvre-chefs exotiques. Il a dû se mettre au béret, lui aussi, peu après son retour en France. J'ai retrouvé une petite lettre adressée à ses parents, datant du mois d'août 1937. André se promène en Savoie. Il écrit: «Pourriez-vous aussi m'expédier mon béret basque, si ma mère sait où il est?»

Je peux donc dire avec certitude qu'à l'âge de trente et un an mon père portait, lui aussi, le béret familial!

Nous commandons des citrons pressés. Il me parle d'un roman anglais qu'il est en train de lire. Il est tout ce qui me reste de ma famille, il est un concentré de ma famille. Ses yeux ressemblent de plus en plus à ceux de Selma, ou peut-être surtout le regard, myope, triste et cependant pointu, et aussi sa façon appuyée de prononcer chaque mot. Son sourire un peu de travers. Comme celui de Simone sur certaines photos. L'ossature est celle de mon grand-père. La nuque est celle de mon grand-père. Seule différence, Biri avait une cicatrice au cou, reste d'un furoncle qu'il avait fallu ouvrir. Ma mère disait que la nuque est ce qu'il y a de plus fragile chez l'homme, ce qui reste du petit garçon chez l'homme devenu adulte. Je regarde la nuque de mon père avec les yeux de ma mère. La nuque de mon père existe maintenant pour rien puisque ma mère n'est plus là pour la regarder.

Des enfants passent, soulevant la poussière. André dit :

– Le poney chéri de ton fils a sûrement quitté ce monde depuis longtemps. Je me rappelle qu'il se nommait Taquin.

Il dit cela lentement, un peu comme il chanterait une chanson très ancienne. Il termine par un soupir et un «Eh oui!» nostalgique.

Mon fils a eu la plus grande difficulté à apprendre à marcher. Jusqu'à près de quatre ans, il tombait sans cesse et sanglotait d'humiliation plus que de douleur. Alors André lui avait offert un budget Taquin illimité. Il faisait autant de tours qu'il voulait. Tout fier sur son poney, il oubliait ses chutes. Vers cinq ans, il marchait mieux mais il aimait toujours Taquin! Mon père lui mit un marché en main : il plaçait des pièces de monnaie sur la table de la cuisine, et toutes celles que mon fils additionnait correctement, il pouvait les garder. Ça lui faisait encore pas mal de tours.

Nous buvons nos citrons pressés, assis sur nos chaises de métal. Je suis chez moi, en sécurité, puisque mon père, même vieux, fragile et geignard, nous transporte tous dans cette vieille coquille qui est la nôtre. Il transporte mes grands-parents, et ma tante, et ma mère. Et aussi mon fils.

Indestructible ?

Un jour, Simone, que je te détestais, je ne sais plus pourquoi, en tout cas ce jour-là ce n'était pas de ta faute, il arrive que je te déteste, bêtement, à cause d'une trop longue conversation avec l'un ou l'autre de tes adorateurs et adoratrices. L'un me reproche, sur un ton agressif, de n'être pas assez amoureuse de toi, j'ai bien dit amoureuse, oui, pourquoi serais-je amoureuse de ma tante, mais passons... L'autre essaie de m'entraîner à sa suite, quelque part au plus haut des cieux, loin des saletés d'ici-bas, dans l'azur où elle nage en ta compagnie, toi transformée en météore, en étoile filante, que sais-je, il n'y a pas dans la langue française de termes assez lumineux, assez fulgurants pour te décrire, et cependant sur mes tympans endoloris rebondissent des kyrielles de mots qui essaient tout de même de le faire, clarté limpide, flamme éblouissante...

Donc un jour où je te détestais, j'ai rencontré un homme qui t'avait connue à Londres pendant la guerre. Et les mots que cet homme a employés pour te décrire m'ont bouleversée. Il ne parlait ni de comète ni de clarté aveuglante, il parlait d'une petite jeune femme fatiguée, isolée, invisible, vêtue comme une pauvresse, coiffée d'un grand béret, recluse, réservée, silencieuse.

Il te décrivait si bien, sans grands mots mais avec tant de précision que soudain je t'ai vue, assise dans un coin, c'était lors d'une réunion à Oxford, je crois, je t'ai vue assise sur une chaise, toute voûtée (ton refus de te tenir droite désolait ta mère, du temps qu'elle espérait encore te marier!). Ta jupe informe et trop longue balayait le plancher, ridicule, même en cette période de guerre où les jeunes femmes tâchaient malgré tout d'être jolies. Personne ne te parlait et toi, tu restais silencieuse.

Oui, j'étais bouleversée par cette image de toi, pauvre petite sœur de mon père qui t'avait qualifiée d'«étonnant phénomène» et de «champignon sur l'humus», fille adorée de mes grands-parents, leur «cher petit chou» plus jeune que mon fils à présent. La «vierge rouge» qui s'amusait tant, dix ans auparavant, au Puy, à manifester avec les ouvriers au chômage, à défier les patrons et les bourgeois, à narguer les autorités, et à faire la une des journaux («Une demoiselle professeur de lycée ameute des chômeurs au Puy», lisait-on dans *La Croix* en janvier 1932), se retrouvait seule à Londres, et inutile. Et elle se rongeait de tristesse parce qu'on refusait de la parachuter en France.

Cette «trollesse» toute frêle voulait qu'on la traite en homme! Qu'on la parachute en France! Grands dieux! Ça ne lui avait pas suffi d'être allée plonger la jambe dans une marmite d'huile bouillante pendant la guerre d'Espagne? Déjà, alors, elle s'était mis dans la tête de se battre, mais, loin d'aider ses camarades de combat, elle leur avait brillamment compliqué la vie, pour être en fin de compte sortie de là par ses parents, au grand soulagement de tout le monde. En Angleterre, les hommes se préparaient par un entraînement physique, avant de se faire parachuter. Et Simone? Espérait-elle une mort immédiate, faute de savoir ouvrir le parachute? Elle n'était pas connue pour son habileté à ce genre de choses. À tout le moins elle aurait atterri les jambes cassées. Et après? Après? Elle avait tout un programme, mais oui, se faire prendre (inévitable) et torturer par les Allemands pour donner le temps aux résistants parachutés avec elle de disparaître dans la nature.

Certes elle avait écrit :

> Je sens qu'il m'est nécessaire, qu'il m'est prescrit de me trouver seule, étrangère et en exil par rapport à n'importe quel milieu humain sans exception.

Mais à présent la pauvre trollesse se laissait mourir de désespoir parce que personne n'avait pris son programme au sérieux. Ceux qui l'aimaient n'envisageaient évidemment pas de satisfaire sa soif de martyre. Quant aux autres, ce programme ne les intéressait pas. C'est peut-être ce qui l'a brisée, bien plus que la tuberculose. Peut-être ses parents auraient-ils pu la sauver, une fois de plus. Mais ils étaient loin. Ils poussaient ma voiture d'enfant à Riverside Park, à New York, tout en attendant les lettres remplies de réconfortants mensonges que Simone leur écrivait de Londres.

Cette image, nouvelle pour moi, d'une Simone recluse, solitaire, rejetée, ou du moins ignorée par ceux qu'elle avait tant voulu rejoindre, m'a heurtée de plein fouet. Mon père a écrit que la mort de sa sœur l'a surpris, car il l'avait toujours crue indestructible. Bien des années après sa mort, il continuait, persistait à nous donner, à nous, ses filles, cette image de Simone car, dans son souvenir, même détruite depuis longtemps, sa trollesse de sœur, son « champignon sur l'humus » demeurait indestructible.

Alors, cette petite jeune femme vêtue comme une pauvresse, coiffée de son absurde béret, passant ses journées seule dans un bureau à rédiger des rapports – on lui avait confié des écritures pour l'occuper parce qu'on ne savait trop quoi faire d'elle, apparemment ; or, en fait de rapports, elle rédigerait là ses derniers textes, qui sont parmi les plus aboutis et les plus inspirés –, cette trollesse abandonnée m'a émue, cette trollesse qui, après tout, fait partie des miens.

Il y a tout de même un *post-scriptum*.

Vois-tu, il m'a aussi affirmé, cet homme qui t'a rencontrée à Londres fin 1942, que vous saviez les rafles, les déportations, les enfants, les bébés juifs arrachés à leurs mères «dans des conditions inhumaines» (je cite un communiqué de la BBC datant de cette année-là), pour être expédiés dans des camps à Pithiviers, à Drancy. Et de Drancy… Alors, si vous étiez au courant, pourquoi, pourquoi, du fond de ton propre désespoir, dont seuls tes parents auraient pu te tirer, c'est toi-même qui l'écris, pourquoi n'as-tu pas eu une pensée, en tout cas pas un mot pour tous ces bébés juifs fous de terreur, si cruellement séparés de leurs mères ?

Japonaiseries

Ils allaient conquérir le fabuleux métal
Que Cipango mûrit dans ses mines lointaines...

Les Japonais font bien les choses et l'album de photos est épais. Avec sa couverture en faux cuir couleur crème, ornée d'arabesques dorées, on croirait un album de mariage, vraiment. L'album de mon mariage avec mon père, au Japon!

Occupant toute la première page de l'album, André, photographié en buste, tout raide, vêtu d'un smoking. Il s'était contenté d'enfiler la veste, puisqu'il ne s'agissait que d'immortaliser la partie supérieure de son corps. Sa poitrine est ornée de la médaille qu'il vient de recevoir, une énorme chose en or suspendue à son cou par un large ruban bleu, comme cela se fait pour les bêtes primées dans un concours agricole. La médaille est sertie de grosses pierres, émeraudes, saphirs et rubis synthétiques, pas faux, synthétiques, ce n'est pas la même chose, ceux qui la lui ont octroyée me l'ont bien expliqué, ce sont de vraies pierres précieuses mijotées, mûries dans leurs laboratoires, des gemmes dont il y a lieu d'être fier. «Votre père peut être fier», me disaient-ils.

Il n'a pas l'air fier, sur la photo. Avec son sourire de travers, il a plutôt la mine désolée de celui qui a perdu son chemin.

Dans un ancien quartier de Kyoto, un père très vieux et sa fille marchent lentement, longeant une rue étroite et sombre, et bordée de constructions basses dont les fenêtres, s'il y en a, doivent donner de l'autre côté. Ils ont quitté, discrètement, le luxueux hôtel où ils sont logés, ils ont suivi un moment une large avenue, pour tourner à droite, suivant les instructions de la jeune réceptionniste postée à leur étage, instructions données après de nombreuses hésitations, courbettes et petits rires dissimulés derrière sa main : le restaurant où elle les envoie, là-bas, de l'autre côté de la rivière, n'est pas digne d'un célèbre mathématicien invité au Japon pour y recevoir un prix des plus prestigieux, le prix Kyoto.

Difficile, cependant, d'expliquer à la jeune femme qu'ils sont venus de Tokyo avec quelques jours d'avance, et que ceux qui les ont invités n'ont pas encore pris en charge leurs repas. Pourrait-elle comprendre que le *sensei*, l'illustre mathématicien dont le poitrail sera bientôt orné d'une superbe médaille en or, n'a pas en poche les sommes exorbitantes nécessaires pour dîner avec sa fille dans l'un des restaurants de l'hôtel ?

La jeune réceptionniste ne sait pas que, à peine entré dans le hall de marbre couleur saumon du luxueux hôtel, le coléreux *sensei* a commencé par faire une scène terrible, rugissant qu'il n'était pas question qu'il reste, même une heure, dans un établissement pour *businessmen* enrichis. Il a fallu que sa fille déclare que ça l'amusait, elle, de loger dans un hôtel vulgaire et très cher, pour qu'il se calme, et que la douzaine de personnes affolées, pendues au téléphone, et cherchant en vain des solutions, poussent à l'unisson un soupir de soulagement.

Inutile, n'est-ce pas, d'expliquer à la jeune réceptionniste que la famille Weil, c'est une tradition, méprise les hôtels de luxe et préfère les restaurants populaires !

La rue qu'ils longent à présent, plutôt une allée qu'une rue, est déserte. Il n'y a que ce père très vieux appuyé au bras de sa fille.

Quand je pense appuyé, je sens sous mon bras le bras de mon père. Chaleur, confort de ce qui est familier. Familier? Jamais, jeune, je ne me suis promenée en donnant le bras à mon père. Cette fonction était remplie par ma mère. Mais elle est enterrée, depuis des années déjà, sous un cerisier japonais, loin du Japon. J'ai dû prendre sa place. Substitution inévitable et même très nécessaire, mais qui n'a rien d'agréable, mon père me l'a fait remarquer plus d'une fois assez aigrement. Cependant, ce soir, dans une ruelle obscure de Kyoto, le mot «appuyé» n'évoque rien que de bon. Nous marchons doucement. André m'explique que les lanternes rouges qui jettent çà et là une petite note gaie, et me donnent l'impression de me promener dans un décor de film japonais, signifient que la maison est un «love-hotel». Pas vraiment un hôtel de passe, plutôt un lieu où peuvent se retrouver, une heure ou une nuit, les couples mal logés dans des appartements où s'entassent non seulement leurs enfants mais aussi leurs vieux parents. Mon père connaît le Japon de longue date. Il explique, je l'écoute et je me sens en sécurité. Non pas déracinée, perdue dans une ville inconnue, à mille lieues de chez moi, mais au contraire ancrée dans un lieu familier, un lieu où j'ai passé une partie de mon enfance, le Japon raconté par André. Tortues siamoises, venues de loin et partageant une même vieille carapace, nous parcourons tranquillement une ruelle sombre et un peu mystérieuse du pays imaginaire qu'est le Japon.

Bientôt nous arrivons à la petite rivière, nous traversons un pont, des lampions rouges se reflètent dans l'eau presque noire, annonçant la présence du restaurant. L'humidité monte, nous enveloppant d'une brume légère, nous nous enfonçons décidément dans un film de Mizoguchi, nous voici au cœur d'un rêve où luisent doucement de jolis lampions.

Dans le restaurant modeste et «pas cher» indiqué par la jeune réceptionniste, nous pouvons tout juste nous offrir une soupe assez claire où flottent deux crevettes parmi quelques feuilles de chou. Aider mon père à s'asseoir sur le plancher, montrer du doigt, sur une table voisine, le plat qui nous intéresse. Muette et analphabète, je souris, je fais des courbettes. Mes sourires et mes courbettes agacent l'illustre mathématicien. Je lui fais remarquer que, dans un lieu où personne ne parle aucune langue connue de nous, je n'ai pas le choix, si nous voulons manger. Il le reconnaît d'un haussement d'épaules. Après le dîner, il faut le relever, le hisser, le tirer, le remettre sur ses pieds. Plusieurs hommes nous regardent. À aucun il ne viendrait l'idée de m'aider.

Un peu plus tard, le chemin du retour, petits pas de vieux, bras dessus, bras dessous, ce n'est pas une promenade gaie, notre conversation n'a rien d'enjoué, mais nous avons mangé, l'air paraît plus doux, l'allée moins triste. Les lanternes des «love-hotels» sont nos amies, points de repère dans la brume qui a tout envahi. Voici la première, la deuxième et enfin la troisième, un peu plus lumineuse que les autres. Nous serons bientôt arrivés. Sous mon bras, le bras de mon père. Sécurité, paix, nous partageons, André et moi, un rêve japonais.

Soudain, sans que ma volonté y soit pour rien, le mot «agrippé» fait surface et vient se substituer au mot «appuyé». Aussitôt mon épaule endolorie se crispe et se rebiffe devant l'effort qui lui est imposé. Je sens peser sur mon bras tout le poids de mon père, le poids du désespoir de mon père. Je traîne mon très vieux père le long d'une allée déserte, obscure et triste à mourir dans un pays imaginaire, dans un rêve qui menace de tourner au cauchemar.

Le Japon est un pays imaginaire, un pays que l'on nous raconte, à ma sœur et à moi. Les Japonaises en kimono, cachant leur bouche derrière leur éventail, et toujours photographiées sur fond de cerisiers en fleur, sont aussi mythiques, à nos yeux, que les matrones romaines ou les dames grecques de nos livres de contes et légendes. Le kimono vaut le péplum. Les cadeaux que nous envoie notre père, au cours de son premier long séjour, seul, au Japon – petites poupées sans bras ni jambes dites *kokeshi*, boîtes minuscules recouvertes de tissus exotiques, kimonos dont les larges ceintures vous empêchent de respirer, sandales avec lesquelles il est impossible de faire plus de trois pas, et surtout deux masques, deux visages de femmes, lisses et blancs, aux lèvres étirées en un sourire d'un rouge sanglant, révélant une magnifique rangée de dents parfaitement noires –, ne font que renforcer, par leur étrangeté, notre certitude que ce pays n'existe pas.

Un jour, un personnage qui, semble-t-il, existe bel et bien, en chair et en os, fait son entrée dans les lettres de mon père. Il s'agit d'une certaine Momoko-san, l'une des jeunes hôtesses engagées pour un congrès de mathématiques. Cette apparition n'enchante pas notre mère, mais nous, les filles, nous l'avons tout de suite adoptée. Nous imaginons notre père en compagnie d'une jeune fille au visage peint en blanc, souriant de toutes ses dents peintes en noir. Juchées sur nos sandales, vêtues de nos kimonos aux belles couleurs, nous sommes Momoko-san.

Quand enfin il reparaît, mon père est devenu japonais. Il prend des bains bouillants puis se frotte avec une serviette longue et étroite comme un cache-nez, mince comme un mouchoir. Il réussit à nous convaincre, provisoirement, de renoncer à nos grandes serviettes-éponges, si confortables et rassurantes. Il nous oblige à manger avec des baguettes. Il essaie même, un jour, de nous apprendre à faire des courbettes. Ses démonstrations sont excellentes, mais nous rions tellement que nos courbettes, à nous, sont plutôt ratées. Il nous raconte que les Japonais, au téléphone, ne répondent pas «Allô!» mais lancent, aussi vite que possible, «*Mushi mashi!*». Enthousiasmées par les étranges syllabes nous les chantons à tue-tête. Quand le téléphone sonne, nous nous précipitons, c'est à celle de nous deux qui saisira l'appareil la première pour crier : «*Mush'mashi! Mush'mashi!*» Au bout du fil, les collègues de mon père, les amis, tous adultes raisonnables, s'étonnent. Se moquent. Nous trouvent mal élevées. Ça nous est bien égal. Nous faisons des courbettes, nous mangeons avec des baguettes, nous nous appelons Momoko-san et nous sommes japonaises, citoyennes d'un pays imaginaire.

Et voilà que par un après-midi d'automne gris et doux nous avons atterri à Tokyo, mon père et moi, au pays des masques blancs aux dents noires, au pays imaginaire. Beaucoup d'années ont passé, il s'agit à présent d'un père très vieux et de sa fille, qui n'a plus rien d'une enfant.

Qui n'a plus rien d'une enfant et qui pourtant s'émerveille, tout en se rendant bien compte que c'est absurde, de marcher normalement, et non la tête en bas, s'étonne que sa valise n'ait changé ni de forme ni de poids, s'étonne enfin de monter dans une voiture en tout point semblable à celle qui les a déposés, la veille, à l'aéroport de départ. Le ciel nuageux, les arbres maigres bordant l'autoroute, les embouteillages, tout cela n'a rien d'exotique.

La voix de mon père, aussi, est la même, autoritaire, impatiente : «Donne-moi la main, je n'y vois rien… avec ma mauvaise vue, comment veux-tu…»

Avais-je pensé qu'une fois au Japon André Weil, mondialement célèbre pour son impatience presque autant que pour son génie mathématique, deviendrait patient ? Qu'il se plaindrait moins ? Avais-je pensé qu'il y verrait mieux ?

À l'hôtel, une pension pour intellectuels dans le quartier universitaire de Tokyo, où une climatisation spéciale projette, paraît-il, un air très stimulant pour l'activité cérébrale, une petite foule nous attend depuis des heures : un très vieux mathématicien, ami de longue date de mon père, plusieurs professeurs encore assez jeunes, et un certain nombre d'étudiants. Ces derniers sont émus et honorés, bien sûr, d'accueillir l'illustre professeur, le *sensei* parvenu à un âge vénérable, qui s'est transporté au Japon pour y recevoir le plus prestigieux des prix japonais. De toute façon, ils n'avaient pas le choix. Tous, jeunes et vieux, mobilisés pour ce premier accueil, sont chargés de cadeaux.

Je remercie, je souris. Je voudrais que mes remerciements soient à la hauteur. Je voudrais manifester une courtoisie qui n'ait rien à envier à celle de nos hôtes. Je voudrais être aussi gracieuse que les jeunes femmes qui me tendent, en souriant, de jolis paquets. Je commence par incliner la tête, ma tête d'Européenne qui veut montrer sa bonne volonté. Ensuite, peu à peu, je me laisse entraîner. Les courbettes sont contagieuses. Je m'essaie, malgré moi, à des débuts de courbette, des embryons de courbette. J'ai conscience d'être raide, maladroite, et sans doute ridicule.

À mon désir de savoir faire des courbettes se mêle un soudain regret de ne pas avoir les cheveux raides. Avec ma tignasse frisée, je me sens un peu hirsute.

J'aimerais tant que mon père comprenne mon désir, et collabore avec moi pour offrir à ceux qui nous accueillent un aspect aussi lisse et poli que le leur.

Le Japon est un pays où l'on cache ses sentiments, nous racontait-il, après ce premier séjour au cours duquel il était devenu japonais. On dira : « Je n'ai pas pu venir hier soir à notre rendez-vous parce que ma mère est morte. » On accompagnera ces mots d'un sourire, mieux, d'un petit rire gêné.

Mon père imitait à la perfection la voix, l'expression, la demi-courbette et surtout le rire gêné. Il s'agit, expliquait-il, de ne pas mettre l'autre personne mal à l'aise, de ne pas lui imposer son chagrin. Alors, ma mère est morte et puis le petit rire. Désolé d'avoir risqué de vous mettre mal à l'aise.

Fascinées, nous imaginions. Nous imaginions le pays où l'on cache la tristesse sous les rires, même gênés.

Maintenant que nous y sommes, au Japon, j'aurais voulu que mon père redevienne japonais. Qu'il se souvienne de la mère morte et du rire gêné. Mais il y a belle lurette qu'André ne joue plus. Il est vieux, il ne veut plus être japonais. Il n'esquisse pas même l'ombre d'une courbette. Esquisser suffirait, vu son grand âge. Mais non. Il n'esquisse rien du tout. Il n'éprouve pas le moindre désir d'être courtois, ni gracieux. Ça lui est bien égal que les autres soient à l'aise ou pas. Il déclare que l'hôtel est affreux, et que ces monceaux de cadeaux vont nous charger inutilement.

J'aurais voulu le forcer à être aimable. J'ai honte de mon père qui refuse d'être japonais. Je me sens responsable. Une dame plus très jeune, en kimono sombre, me dit en souriant, entre deux profondes courbettes, comme si elle me faisait un compliment : « Ce séjour sera très fatigant pour vous. » Je m'incline. Je lui rends son sourire. Je crois que je viens de découvrir la courbette de solidarité. Sûrement un truc de femmes.

Il faut trente ans d'apprentissage pour devenir maître marionnettiste de Bunraku. Dix ans pour apprendre à manœuvrer les pieds, dix ans pour la main gauche, dix ans pour la tête et la main droite.

Moi, j'ai dû improviser. La marionnette dont je suis chargée d'assurer le bon fonctionnement, au cours de ce voyage, n'est pas une jeune fille malheureuse en amour, au cou délicat, aux doigts fragiles émergeant des larges manches d'un splendide kimono, et dont les gestes minuscules arrachent des larmes aux spectateurs les plus blasés, ni un beau et courageux samouraï qui, lentement, se prépare au suicide, soutenu par la tendre sollicitude des trois marionnettistes, accompagné par le chant déchirant des musiciens et les sanglots du public.

Ma marionnette représente un vieux professeur invité au Japon pour y recevoir un prix qui vient trop tard, puisque sa compagne est enterrée sous un cerisier, et qu'il est seul, à présent, seul, triste, et vieux.

Sa tête, il est vrai, tient d'elle-même. Mais son visage est loin d'avoir toujours l'expression souhaitée. Je lui voudrais l'expression sereine d'un vieux sage, rempli de bonté et d'indulgence.

Le vieux sage serein et rempli de bonté, c'est une autre marionnette. Pas la mienne. La mienne présente, trop souvent à mon gré, un visage agacé, impatient, malheureux, désespéré.

De toutes mes forces, je tire les ficelles du sourire. Je lutte contre le désespoir de ma marionnette.

Ma marionnette se moque de mes efforts. Elle n'est, du reste, pas sans défense, et manque assez peu d'occasions d'être désagréable avec moi et de me rappeler que c'est elle qui joue le rôle principal. Me disant, par exemple : « Je te signale que ce ne sont pas tes talents qui te vaudront jamais pareille invitation. »

Elle me ménage aussi de merveilleuses surprises, se transformant, quand il le faut, en un beau et génial professeur, parfaitement maître de son sujet, bien sûr, mais aussi de sa voix, de son regard, de chacun de ses gestes.

Les mains sont jeunes et remplies de vie, les doigts un peu écartés, le regard est myope mais aigu, le visage ferme et lumineux, la voix assurée, les phrases précises, bien construites, débitées sur un ton légèrement ironique.

Il me semble avoir de nouveau quatorze ans. Je regarde de tous mes yeux, j'écoute de toutes mes oreilles, et avec quelle fierté, mon père, le célèbre mathématicien, discourir devant une salle remplie de gens qui notent fébrilement chacun de ses mots.

Quand j'avais quatorze ans, ces moments duraient toujours, mon rôle était celui d'une spectatrice émerveillée. Je ne savais pas qu'un jour je deviendrais marionnettiste. À présent je tremble de peur que ma marionnette ne s'écroule subitement, flasque et désossée, sous le costume de tweed impeccable que je lui ai fait revêtir un peu plus tôt. J'ai tort. Elle ne s'écroule pas. Pendant plusieurs heures, mon père oublie qu'il est vieux et qu'il a horreur de ça.

Jadis André, féru des classiques, jouait admirablement les barbons, pour la plus grande joie de sa femme et de ses filles. Mais ce personnage de vieillard grincheux, très réjouissant dans les comédies de Molière et les farces de Plaute, n'a pas sa place dans le spectacle auquel nous avons été invités à participer. Ce n'est pas une marionnette barbon de comédie que l'on m'a chargée de transporter jusqu'au Japon, vêtue de neuf et prête pour une représentation, mais une marionnette illustre professeur.

Je prends cette mission très au sérieux car il s'agit d'une immense et magnifique représentation, montée au pays des masques et des sourires à cacher les sentiments qui doivent être cachés.

Je prends ma mission d'autant plus au sérieux qu'en face de nous, nous donnant une réplique à peu près muette, car nous n'échangeons presque pas un mot, un géant du cinéma japonais et sa fille nous renvoient l'image de ce qu'il aurait fallu être. Le père va, lui aussi, recevoir une médaille d'or sertie de rubis et d'émeraudes. Ce père et cette fille se ressemblent autant que mon père et moi nous ressemblons. Nous dominant d'une bonne tête, aussi lisses que nous sommes fripés, droits et imposants comme des statues, ils évoluent avec aisance là où nous trébuchons. Le sourire impénétrable et hautain de la fille, au-dessus d'un tailleur rose vif, me suit, me nargue, m'écrase. Me gomme.

Alors je tire, je tire sur les ficelles de ma marionnette, les ficelles du sourire qui cache les sentiments. Je ne m'accorde aucun répit, car le spectacle est continu, il y a peu d'entractes. À table, mon père tâtonne, courbé sur son assiette. Moi, penchée vers lui, je dirige ses baguettes d'aveugle, tout en lui enjoignant *sotto voce* de se montrer aimable envers nos hôtes aux masques de samouraïs. André se plaint à moi, en français, qu'il n'y a rien à manger, et est-ce que ce maudit repas ne va pas bientôt finir, je traduis en anglais : « Mon père est enchanté, il trouve ce dîner délicieux. »

Lorsque nos hôtes l'enfoncent malgré lui dans un fauteuil roulant, car ils craignent, avec raison, qu'il ne marche trop lentement pour que la visite d'un quelconque palais s'achève dans les temps prévus, je cours à côté du fauteuil roulant qu'un jeune homme au masque hilare pousse à vive allure. Les roues crissent sur le gravier. Autour de nous, tout le monde court, tout le monde rit, tout le monde prend des photos. Les photos paraîtront dans les journaux, figureront dans les albums, dans les livres. Peu importe, je le comprendrai beaucoup plus tard, que, du fond de son fauteuil roulant, le *sensei* venu de loin déclare d'un air rageur que cette visite n'a aucun intérêt, que ce palais est une construction immonde, récente et vulgaire. Tout ce qui importe, c'est que la visite ait eu lieu. Mais je ne le sais pas encore. Hors d'haleine, me tordant les reins et le cou pour rester penchée vers lui, tout en courant, et sans cesser un instant de lancer vers les appareils mon sourire de touriste enchantée, je siffle sauvagement dans son oreille : « Souris quand même, fais semblant ! »

Il sourit, à ce moment-là, d'un sourire méchant. Il me dit que mon rire mécanique s'accorde parfaitement avec celui des Japonais. Et moi, je lui préférerais, carrément, le visage féroce des divinités gardiennes des temples de Nara, énormes sourcils gonflés de colère, bouche vomissant des imprécations. Ou même les traits, tordus par l'horreur, d'un célèbre acteur de kabuki jouant un non moins célèbre chasseur devenu fou au pied du mont Fuji. Même si mon père n'est ni un chasseur devenu fou au pied du mont Fuji ni le gardien d'un temple de Nara, du moins il existe des modèles respectables, des modèles japonais. Puisqu'il refuse le sourire à cacher les sentiments.

La cérémonie de remise des prix est un grand spectacle très compliqué, réglé avec minutie. Un nombre presque infini de personnages occupe la scène : ambassadeurs, interprètes, groupes de fillettes en kimono qui attendent le moment de chanter, puis d'offrir aux trois lauréats de grosses balles brodées de fils multicolores, et plusieurs rangées de notables japonais dont le rôle est de dormir à poings fermés, rigides sur leurs chaises, la nuque parfaitement droite.

Les dormeurs en smoking, alignés sur leurs chaises, sont de grandes marionnettes qui ne demandent aucun effort à personne. Elles ne parlent pas, ne chantent pas, il a suffi de les poser sur les chaises où elles dorment sans même pencher la tête. Devant les rangées de notables, deux superbes et gracieuses marionnettes, longues et fines, attirent tous les regards : assises dans des fauteuils blancs, ce sont deux altesses impériales, un prince et son épouse, personnages de conte de fées, éternellement jeunes et beaux, élégants et souriants.

Chaque espace vide sur la scène est occupé par un personnage féminin vêtu d'un kimono aux couleurs somptueuses. J'imagine que le metteur en scène a voulu parsemer de notes claires et gaies la foule de smokings noirs.

Pour la cérémonie, j'ai dû confier à d'autres ma vieille marionnette. Je suis dans la salle, reléguée parmi le public. D'autres conduiront sur scène le vieux géant de la mathématique. Ils le placeront sur une chaise, entre les deux autres géants, le grand maître du cinéma japonais et un scientifique américain. Mon père est un géant petit et maigre dont l'air perdu inspire la pitié. Plus tard, il faudra le guider quand il s'agira pour lui de recevoir son prix.

Les deux autres lauréats sont parfaits. Le Japonais, haut de taille, assez carré, au masque impassible, pratique l'art de la courbette avec une austère et noble fierté. L'Américain, vraiment immense, solide et ventru, arbore un masque rose et florissant, mais grave : le masque d'un homme persuadé que la récompense qu'il va recevoir est tout juste à la hauteur de ses mérites.

Mon père est celui qui a le haut du visage mangé par d'énormes lunettes noires, que l'on est allé chercher je ne sais où dans les coulisses, car les violents éclairages, nécessaires pour que les photographes puissent immortaliser la cérémonie, le rendent fou. Même mangé par les lunettes noires, son visage est nu. Bouche tordue par l'effort et la fatigue. Un visage d'écorché. Supplicié plutôt que récompensé.

Il me semble pourtant que, dans ce pays de masques, quelqu'un aurait pu dénicher pour lui un masque, n'importe lequel, il y avait le choix : masque de lauréat au sourire satisfait, masque au sourire indéchiffrable, masque de samouraï brutal et hautain, ou encore un masque de vieillard du théâtre nô, à la longue barbe blanche et soyeuse, aux traits profondément creusés, empreints d'une noble tristesse. Le masque de *koushijyo*, ce fantôme déguisé en vieil homme ridé, aux yeux désolés, à la bouche pleurarde dont les coins tombent vers la barbiche de crin, aurait particulièrement convenu à la situation, je crois, et aussi à la silhouette frêle de mon père.

Ou même, à défaut d'autre chose, un masque de démon, rouge vif ou doré, avec des yeux terribles, des cornes, et une bouche grimaçante. Tout plutôt que l'indécence de laisser mon père être le seul à évoluer sur scène le visage nu.

Au moment où il reçoit son prix, le vieux et illustre

mathématicien venu de loin penche légèrement, avec la résignation de celui qui se courbe devant la fatalité, son visage mangé par les lunettes noires. Son visage d'écorché.

Cette photo-là me fait mal.

Il est temps, je crois, de donner son nom au «géant du cinéma japonais», géant dans tous les sens du mot. Ce n'était autre qu'Akira Kurosawa. Mon père et lui se trouvèrent face à face, lors d'une réception. André était sincèrement heureux de se trouver devant celui à qui le monde doit *Rashômon* et *Les Sept Samouraïs*. Kurosawa se penchait vers mon père. Celui-ci, levant la tête, lui dit avec un petit sourire modeste et cependant complice (il s'agissait, après tout, d'une conversation entre géants, et les photographes braquant sur eux leurs appareils ne s'y trompaient pas) :

– J'ai un grand avantage sur vous. Je peux aimer et admirer votre œuvre, et vous ne pouvez ni aimer ni admirer mon travail.

Certains ont vu là un compliment à double tranchant. C'était bien loin d'être l'intention d'André !

Une fois terminées les diverses manifestations et cérémonies, les trois lauréats du prix Kyoto furent ramenés à Tokyo pour être présentés à l'empereur. Par une superbe matinée d'automne, nous étions rassemblés dans un salon de l'hôtel, à attendre les taxis qui nous conduiraient au Palais impérial. André s'ennuyait et trouvait le silence pesant. Il était assis sur un divan à côté de Kurosawa. Il se tourna vers lui et lui demanda :

– L'empereur aime-t-il vos films ?

Il y eut un court silence. Puis :

– Sa Majesté est un grand empereur.

Et le géant du cinéma japonais s'inclina légèrement, comme pour donner plus de gravité à sa réponse.

La visite au Palais devait suivre, bien entendu, un sévère

protocole. Les trois lauréats seraient conduits dans une grande et belle salle, où l'on avait installé trois petites cabines ressemblant à des isoloirs de bureau de vote. Les lauréats seraient invités à prendre place, puis à attendre, chacun dans une petite cabine. L'empereur et l'impératrice viendraient ensuite s'asseoir un bref moment en face de chaque lauréat, et prononceraient quelques mots de félicitations. Seule l'épouse du géant américain resterait avec son mari dans son isoloir. La fille de Kurosawa et moi, après avoir accompagné nos illustres pères jusqu'à l'entrée de la grande salle, serions enfermées dans une antichambre.

Une heure plus tard, devant la porte du Palais impérial, une foule de reporters attendaient la sortie des trois lauréats du prix Kyoto. Les appareils crépitaient, les questions fusaient.

Le lendemain paraissait le compte rendu officiel : « L'accueil amical de l'empereur et de l'impératrice a profondément impressionné les lauréats, et ce moment demeurera pour eux une expérience inoubliable. »

Sur la dernière page de l'album, le trio des lauréats : ils posent, tous trois vêtus de smokings, le poitrail orné de la grosse médaille en or suspendue à leur cou. Leurs mains sont empilées les unes sur les autres devant eux, c'est-à-dire devant le vieux nain fripé placé entre les deux géants resplendissants de vigueur et de santé, le géant du cinéma japonais qui plisse les lèvres en une moue vaguement amusée, un peu méprisante, et le scientifique américain rose et ventripotent, au large sourire satisfait. Coincé entre les deux, le vieux nain, mon père, rit franchement. Il a réussi à arracher sa main gauche à la pile de mains qui se trouve devant lui. Une main ferme, vivante, aux doigts légèrement écartés. Il n'avait pas besoin de masque, en fin de compte. Il est libre.

Roulée dans la farine

Dans la famille, tous parlaient de la naïveté de Simone. C'était un sujet de conversation qui revenait assez souvent.

– Cette pauvre Simone, on la roulait dans la farine.

Combien de fois, petite, et moins petite, j'ai entendu ma mère, et aussi les cousins et cousines de Simone, raconter comment Selma servait à sa fille ce qu'il y avait de mieux comme filet de bœuf, tout en lui assurant que c'étaient les plus bas morceaux : elle avait pris, disait-elle, ce que prenaient des femmes qui étaient visiblement des femmes d'ouvriers, ou même de chômeurs. Comment elle lui servait des poires parfaites achetées dans une épicerie de luxe (Simone refusait de manger des fruits même à peine avariés, qui la dégoûtaient), et prétendait sans sourciller que c'étaient des poires que l'on vendait pour rien, le matin même, au marché…

Pour convaincre sa fille agrégée de philosophie mais obsédée du désir de vivre comme les plus malheureux, elle affirmait avoir fait la queue avec des ménagères d'allure très modeste, et les avoir vues qui achetaient le même raisin, les mêmes asperges. À peine si elle ne lui jurait pas qu'elle les avait ramassés parmi les détritus. Des contes de fées.

– Selma faisait croire à sa fille que le filet mignon était du mou pour les chats ! se répétait-on en famille.

– Et Simone ne se doutait jamais de rien ! s'exclamaient les uns et les autres.

On ne parlait pas de cela devant mes grands-parents, naturellement.

Vers onze ou douze ans, j'ai commencé à recevoir un peu d'argent de poche. Je l'économisais et, dès que j'avais un billet, je le cachais dans un livre. Exclamations de surprise, dans la famille : elle fait comme Simone ! Mais on m'a aussitôt informée que mes billets, à moi, ne repousseraient pas. J'ai appris ainsi que Simone gardait toujours son argent dans un livre. Au fur et à mesure qu'elle puisait dans sa cagnotte pour envoyer de l'argent aux caisses de chômeurs de la France entière, sa mère remplaçait les billets, ni vu ni connu. Quand elle n'était pas sur place, elle chargeait quelqu'un d'autre de le faire.

Plus tard, quand j'ai été mère, je me suis dit que Mime et Biri voulaient que leur fille, leur «déraisonnable trollesse», pour citer ma grand-mère, mange convenablement, de temps en temps. Qui pouvait les blâmer ?

Ma mère racontait volontiers, avec une pointe de rancune amusée, mais rancune cependant, que Simone, absente de Paris, ayant demandé à ses parents d'héberger un homme qui sortait de prison (l'histoire ne disait pas pourquoi il y était allé), mes grands-parents l'avaient logé dans le studio de mes parents, partis en vacances. La charité, c'est bien, disait ma mère, mais pourquoi le mettre dans ma chambre, cet homme, et pas chez Simone ?

À leur retour, mes parents ont découvert que leur hôte avait emporté dans sa petite valise un assez grand nombre de leurs affaires. Ma mère racontait encore, bien des années plus tard, que le protégé de Simone lui avait même volé ses pantoufles, de très belles pantoufles offertes par mon père.

– Un joli cadeau pour sa petite amie, concluait ma mère avec une grimace ironique. Ajoutant que, lorsqu'elle s'était plainte à ma grand-mère, celle-ci lui avait répondu :

– Je remplacerai tout ce qu'il vous a pris, mais surtout n'en dites rien à Simone, ça lui ferait trop de peine.

Bon exemple de la façon dont on la trompait, commentait la famille.

Elle jugeait mal les gens, elle ne les voyait pas tels qu'ils étaient, concédait mon père qui, dans les discussions, défendait toujours sa sœur.

Moi, je n'étais pas du tout sûre que ça lui aurait fait de la peine, à Simone. Elle estimait sans doute qu'un type sortant de prison avait bien le droit de chiper quelques chemises et même une paire de pantoufles. De toute façon, Simone ne pensait pas aux gens tels qu'ils étaient, et encore moins aux pantoufles.

À longueur d'adolescence, j'ai oscillé comme un pendule entre le point de vue du sens commun, du quotidien tel qu'il est – quotidien qui ne me déplaisait pas – et le point de vue de Simone qui fonçait, toute à son programme, sans perdre son temps à penser aux pantoufles, ni à regarder les gens, ni la viande, ni les légumes, de très près.

Tantôt, justement parce que «la vie» m'intéressait, je me rangeais du côté de ceux qui estimaient que cela n'aurait pas fait de mal à Simone de connaître un peu la réalité des choses, et que ses parents avaient eu bien tort de l'envelopper dans un cocon de mensonges ; tantôt, adolescente rêvant d'héroïsme et de noble aventure, révoltée par l'horrible, le méprisable bon sens petit-bourgeois représenté par ma mère ou par les cousines, je m'élançais du côté de Simone, qui appartenait à une tout autre espèce !

Une Simone que l'on n'aurait pas roulée dans la farine aurait-elle été différente ?

Tzedaka

Un soir de tempête de neige à New York, je rentrais de faire mes cours, un mendiant s'est approché de moi, sur Broadway. Quand il neige très fort, la nuit, les lumières des avenues jouent de drôles de tours, et quelqu'un qui sort de l'obscurité a l'air d'un fantôme. C'est donc un immense fantôme qui s'est soudain dressé devant moi, emballé dans une couverture grisâtre et sale, un fantôme au visage très noir auréolé de blanc, car ses cheveux, tressés en une quantité de dreadlocks, étaient couverts d'une épaisse couche de neige.

Il m'a interpellée d'une façon assez peu amicale, quelque chose comme : « *Hey, lady*, quand on peut se permettre un manteau de vison, on ne refuse pas une pièce à un pauvre gars qui couche dehors ! »

Je lui ai répondu que j'allais naturellement lui donner quelque chose, mais que je tenais à lui faire savoir que mon manteau était en fausse fourrure, et que je l'avais acheté aux puces. Il a paru étonné.

– Ah bon ? Ce n'est pas un vrai vison ?

– Non. Je ne suis pas le genre de personne qui porte un manteau de vison. Pas mon genre et pas dans mes prix !

– Et c'est aussi chaud qu'un vison ?

J'ai ri.

– Je n'en sais rien, puisque je n'en ai jamais porté, mais je ne crois pas. Le vent passe au travers. J'imagine que ce n'est pas le cas, avec une vraie fourrure. Et puis les poils sont un peu collants, la neige s'y agglutine, alors ça devient très lourd.

À ce moment-là, j'étais en train de me dire, Sylvie, tu te rends compte que tu es en train de discuter de la qualité de ton manteau avec un homme qui dort dans la rue, emballé dans une vieille couverture?

Mais lui, il avait l'air sincèrement intéressé.

– En tout cas, il est drôlement bien imité, ce manteau. Moi, j'ai cru que c'était du vison.

– Si on regarde de près, on voit tout de suite que non. Pur acrylique!

J'avais ouvert mon sac et, tout en parlant, j'avais sorti mon porte-monnaie. Mon fantôme m'arrêta d'un geste.

– La conversation suffit. Merci.

J'ai un peu insisté, mais il a secoué la tête, et a disparu dans l'obscurité blanchâtre. Je l'ai revu une ou deux fois, ensuite il a dû changer de quartier.

Je raconte cette histoire parce que c'est une histoire que j'aime, je n'ai pas l'intention de la charger de signification, mais elle a un lien avec ce qui suit.

Le lecteur aura remarqué qu'il est beaucoup question de charité dans les descriptions des ancêtres de Simone. La réputation de charité de sa trisaïeule, Mme Barasch, était si grande qu'elle était parvenue aux oreilles d'un redoutable brigand!

Ainsi, lorsque Simone, jeune professeur au Puy, déposait son salaire sur le zinc du café que fréquentaient les chômeurs, pour qu'ils y piochent selon leurs besoins – une image de ma tante qui m'enchantait quand j'étais lycéenne –, peut-être ne faisait-elle que marcher, à sa façon, sur les traces de nos aïeules férues de *tzedaka*!

On ne peut lire de conte, de roman, de récit de voyage, ou de correspondances décrivant la vie des juifs en tous lieux et à toutes les époques, où il ne soit question de *tzedaka*. *Tzedaka* signifie charité, mais le *baal-tzedek* est un juste. Le mot est le même. La charité est une forme de justice, une façon de rétablir l'équilibre.

«L'Évangile ne fait aucune distinction entre l'amour du prochain et la justice», écrit Simone. Pour ajouter aussitôt: «Aux yeux des Grecs aussi le respect de Zeus suppliant était le premier des devoirs de justice.»

Or, ceux qui écrivirent les Évangiles, s'ils n'étaient tous juifs, du moins baignaient-ils dans un monde juif! Mais c'est ce que Simone, à son habitude (puisqu'elle a nié, avec une rare constance, toute continuité entre judaïsme et christianisme), préfère ne pas voir!

Et voilà que je me lance dans un sujet vraiment très compliqué. Je ne suis ni talmudiste ni philosophe, et encore moins sainte, et cependant je ne vois pas comment je pourrais, puisque je parle de ma tante, ne pas dire quelques mots sur cette question de la charité, qui a été pour elle une obsession.

Les contes des juifs d'Europe centrale fourmillent d'exemples magnifiques de *tzedaka*. Tel rabbin va dans la forêt, de nuit, à l'insu de tous, scier du bois pour une pauvre veuve. Tel vieillard riche et méchant, détesté dans toute la ville pour son avarice, renvoie brutalement les pauvres qui viennent chez lui mendier, mais non sans leur avoir d'abord demandé combien il leur faudrait: et, bien sûr, après la mort de l'avare, on s'aperçoit qu'il allait tous les vendredis, avant l'aube, déposer devant la porte de chacun de ces pauvres une enveloppe contenant précisément la somme dont le pauvre avait besoin! Tel homme aisé reçoit à sa table, pour le shabbat, tous les miséreux du quartier et explique à sa femme, qui voudrait les envoyer manger à la cuisine, qu'on n'envoie pas Dieu manger à la cuisine…

Je regrette tant que Simone n'ait jamais lu ces contes,

qu'elle se soit passionnément intéressée aux contes folkloriques du monde entier, à l'exception, justement, de ceux qui avaient charmé les oreilles et l'imagination de ses ancêtres.

Ancêtres qui ont toujours pris très au sérieux l'injonction du Deutéronome : «Tu n'endurciras pas ton cœur et ne fermeras pas ta main à ton frère nécessiteux.»

Car la notion de charité est au cœur du judaïsme. Le devoir de compassion envers le prochain est le plus important de tous. Il y a plus de mérite à donner aimablement ou mieux, en secret, mais de toute façon il faut ouvrir sa main. Et les avares? C'est simple, on va chez eux et on les force à donner.

Le Talmud met en place tout un système : caisses de charité (c'est obligatoire!) dans chaque ville, soupes populaires, distributions d'argent... Et l'on y trouve, expliqués par le menu, tous les cas où il faut «ouvrir sa main» et donner au pauvre «selon ses besoins».

Si un pauvre n'a pas de quoi s'acheter des casseroles, il faut lui donner des casseroles, si le pauvre est seul, il faut lui trouver une femme...

Et à un riche devenu pauvre mais qui, du temps qu'il était riche, allait à cheval, il faut procurer un cheval de selle!

Tout cela donne lieu à de fort plaisantes discussions entre rabbins! Un petit exemple : qu'est-ce qui est pire, ou mieux, aller tout nu ou avoir faim? Pour Rav Huna, si on voit un mendiant tout nu, on lui donne d'urgence des vêtements, sans mener une enquête pour s'assurer qu'il est aussi pauvre qu'il le prétend. Pour Rav Yehouda, au contraire, c'est lorsqu'un pauvre demande à manger qu'il ne faut pas mener d'enquête, tandis que s'il est tout nu, il faut mener une enquête pour «voir» s'il est vraiment nu!

Voilà ce que lisait mon ancêtre M. Barasch (s'il lisait le Talmud) et peut-être, de temps à autre, bercé par les voix qui montaient de la boutique où sa digne épouse distribuait des vêtements et des bonbons aux enfants pauvres, peut-être fermait-il les yeux pour imaginer des rabbins discutant, assis dans une cour intérieure, trempant leurs lèvres dans de grandes coupes de vin, sous le ciel étoilé de Babylone... Non, ça, ça fait plutôt Mille et Une Nuits. Il savait très bien, le grand-père Barasch, que nombre de rabbins du Talmud, et des plus renommés, étaient très pauvres, exerçant, par choix, les plus humbles métiers, comme ceux de portefaix ou porteur de sel, gagnant juste assez pour nourrir leurs familles, et se consacrant corps et âme à l'étude de la Torah. Encore de très présentables ancêtres pour Simone !

Simone s'est bien gardée de lire le Talmud, et je pense qu'elle n'aurait eu que mépris pour ces discussions pointilleuses et terre à terre !

Toute jeune, elle laissait son argent sur sa table pour que de plus pauvres qu'elle puissent s'y servir. Plus tard, sa réflexion décollera de la réalité purement sociale, pour devenir méditation mystique.

Cependant, les pages si belles qu'elle écrit, dans les dernières années de sa vie, sur l'amour du prochain, ont bien quelque chose de talmudique : comme les rabbins, elle examine divers cas, les tourne dans tous les sens et, aussi comme les rabbins, elle intègre la notion de charité dans une démarche mystique dépassant la simple pratique charitable.

Les sages du Talmud imaginent un homme qui apporte un présent au roi. Il n'est pas certain que les serviteurs du roi acceptent de recevoir et de transmettre ce présent. Mettons qu'ils acceptent, on ne sait pas si celui qui a apporté le présent verra la face du roi, ou ne verra pas la face du roi. Mais tout différent du roi est le Saint béni soit-Il. Celui qui donne une pièce à un pauvre, il méritera et recevra la *Shekhina*, la Présence Divine.

C'est que les rabbins ne veulent surtout pas rendre l'expérience mystique inaccessible.

Simone, elle, c'est aux *happy few* qu'elle réserve l'expérience mystique.

Celui qui donne du pain à un malheureux affamé pour l'amour de Dieu ne sera pas remercié par le Christ. Il a déjà eu son salaire dans cette seule pensée.

Mais Simone n'est pas seulement mystique, elle est philosophe, elle sait manier le paradoxe, et elle se méfie :

Il n'est pas étonnant qu'un homme qui a du pain en donne un morceau à un affamé. Ce qui est étonnant, c'est qu'il soit capable de le faire par un geste différent de celui par lequel on achète un objet.

La charité juive n'a rien de paradoxal. Le mendiant représente Dieu. Tu donnes au mendiant, tu donnes à Dieu.

Évidemment, la philosophe peut se montrer bien plus exigeante que les rabbins, elle n'est pas chargée d'ouailles. Elle n'est pas chargée de faire fonctionner et vivre une communauté, ni d'assurer une distribution des ressources à peu près conforme à la justice. Même si deux ou trois fois dans sa vie elle s'est bien amusée à forcer les «avares» à cracher de l'argent, j'imagine mal Simone, si dépourvue de sens pratique que sa mère s'en inquiète plus d'une fois dans ses lettres à mon grand-père, organisant des collectes de vêtements pour ceux qui vont nus, ou des repas pour les affamés !

Le sujet de sa méditation est l'amour du prochain et, pour cette méditation, elle construit un paysage qui est plutôt celui des Évangiles que de la France des années trente.

Le Christ nous a enseigné que l'amour surnaturel du prochain, c'est l'échange de compassion et de gratitude qui se produit comme un éclair entre deux êtres dont l'un est pourvu et l'autre privé de la personne humaine. L'un des deux est seulement un peu de chair nue, inerte et sanglante au bord d'un fossé [...] Ceux qui passent à côté de cette chose l'aperçoivent à peine, et quelques minutes plus tard ne savent même pas qu'ils l'ont aperçue.

Celui qui s'arrête, on le sait, c'est le fameux Samaritain.

Tous, nous aimons le bon Samaritain. Enfants, nous avons appris que c'était un exemple à suivre. Simone aussi aime le bon Samaritain, mais elle ne s'identifie pas à lui, ou pas seulement à lui. Dans le dialogue entre le Samaritain et le malheureux qu'il secourt, elle est les deux, avec une préférence pour le malheureux. Toute son énergie va dans ce sens : être le malheureux, l'affamé, l'opprimé, l'esclave, celui qui souffre.

Et ceux qui ont vécu avec Simone savaient bien que lorsqu'un bon Samaritain s'arrêtait pour lui venir en aide, elle l'envoyait sur les roses et lui enjoignait d'aller secourir plus malheureux qu'elle !

Quand le rabbin scie du bois pour la veuve, son but n'est pas d'avoir des ampoules aux mains et des courbatures : il le fait pour que la veuve ait de quoi se chauffer. Et, bien sûr, pour se rapprocher de Dieu.

Mais Simone... Quand, travaillant dans une ferme, elle ramasse à mains nues de grandes brassées de chardons, elle croit peut-être se rendre utile. Je n'en suis pas certaine. Elle est surtout animée du désir farouche d'éprouver la peine des ouvriers agricoles, même après qu'on lui a fait remarquer que ceux-ci (des hommes, et bien plus vigoureux qu'elle...) mettent des gants et utilisent des fourches. Inutile d'insister, les autres le comprennent vite, Simone tient à s'égratigner les mains. Ce soir, elle mangera à peine et dormira par terre.

Le vrai projet de Simone, c'est d'éprouver la peine des pauvres, non de leur fournir du pain ou des vêtements. Sa forme de charité, à elle, c'est de devenir le mendiant et de refuser qu'on la soulage. Elle l'a dit, elle commet le péché d'envie quand elle pense au Christ sur la croix.

Elle est insupportable, ma tante, ma sainte tante, cette merveilleuse entreprise de publicité permanente pour la pauvreté, la misère, le malheur !

Et voilà que le pendule a oscillé ! Je me retrouve de l'autre côté, celui du bon sens, du sens commun, de la charité sympathique et tranquille de mes petites grands-mères qui distribuaient des vêtements et des repas, du côté d'un bon Samaritain que j'imagine bien nourri, pourquoi pas, et ne détestant pas son confort. Ou même du côté d'André, mon père qui n'aspirait nullement à la sainteté, mais qui de sa vie n'a refusé de l'argent à qui lui en demandait et a secouru, sans jamais s'en vanter, des veuves d'amis, des jeunes dans la dèche, et d'autres encore.

La beauté de la méditation de Simone, c'est, évidemment, de se situer dans une réalité tout autre.

Celui qui traite en égaux ceux que le rapport de forces met loin au-dessous de lui leur fait véritablement don de la qualité d'êtres humains dont le sort les privait. Autant qu'il est possible à une créature, il reproduit à leur égard la générosité originelle du Créateur.

Une réalité qui laisse loin derrière elle le monde tel qu'il est.

Tout récemment, dans le métro de New York, j'étais assise à côté d'un clochard aux vêtements pas tout à fait loqueteux mais au regard affamé, qui a entretenu tous ses voisins, pendant un grand quart d'heure, de l'usage qu'il comptait faire d'une petite somme qu'on venait de lui donner : il allait baiser.

« *No money, no honey, no pussy*[1] », répétait-il. Sans se soucier des mines rigidement absentes, des yeux obstinément baissés des personnes placées en face de lui, il nous a gratifiés d'une description – poétique à force d'être obscène, oui, une sorte de poème épique dont les deux héroïnes étaient *my balls* – des plaisirs qu'il se promettait.

Je pensais à ce que j'étais en train d'écrire, et donc à ma tante. Je me suis demandé si, révulsée, elle aurait changé de place. Peut-être que non. Elle n'était pas, ou affectait de ne pas être prude. Elle avait, on ne se lasse pas de le raconter, voulu accompagner des copains au bordel, déguisée en garçon. La prostitution la révoltait et la fascinait. Durant la guerre, lorsqu'un policier de Marseille la menacera de la jeter en prison en compagnie de prostituées, ne répondra-t-elle pas qu'elle a toujours désiré connaître ce milieu ?

Mais cet homme dont les *balls* avaient envahi la rame, représentantes glorieuses, uniques et désignées de sa personne, cet homme dont le discours – assez réjouissant, je dois l'avouer – couvrait un visible désespoir, aurait-il mérité, aux yeux de Simone, le statut de « chair nue, inerte et sanglante au bord du fossé » ?

1. « Pas de fric, pas de miel, pas de chatte. »

Le vieux cheval

– Tu dois avoir l'impression de promener ton chien, un vieux chien aveugle et sourd qui ne peut pas faire trois pas sans s'arrêter.

– Je n'ai pas de chien. Et puis tu n'es pas un vieux chien, tu es un vieux cheval. Un vieux cheval qui connaît le chemin.

– Je ne connais plus aucun chemin.

J'essaie de prendre les choses sur un ton léger.

– Tu étais habitué à toujours foncer, maintenant tu ne fonces plus. Tout est relatif.

Un vieil homme qui est un peu plus petit que moi à présent, mon père, marche à côté de moi, appuyé sur sa canne. Une canne que j'ai recollée, rafistolée dix fois car il y est attaché et n'en veut pas d'autre. Il continue :

– Tout de même, ça doit t'ennuyer d'être obligée de marcher aussi lentement.

– Est-ce que j'ai le choix ?

– Non.

Il lève vers moi un regard plaintif mais non dépourvu d'ironie, et soupire bruyamment.

– Ma pauvre fille !

Puis il déclame :

– *O, che sciagura d'essere senza coglioni*[1] ! Ce serait mieux pour toi si je disparaissais.

1. « Quel malheur d'être sans couilles ! »

Quand la conversation en arrive là, je suis sans pitié.

– Peut-être, mais je ne peux pas t'assommer. Cela ne se fait pas. Même si tu étais un chien, je ne pourrais pas.

– Il doit y avoir eu des cultures où cela se faisait. Peut-être que cela existe encore. Assommer ses vieux parents. Ça simplifie les choses.

Je ris.

– Les assommer et ensuite les manger, peut-être ?

Le petit bruit de la canne sur le pavé. Nous allons déjeuner à l'Institut, à Princeton. L'automne dans le New Jersey est particulièrement flamboyant cette année-là. Je ramasse des feuilles mortes, des rouges, des jaunes, et les montre à mon père qui me rappelle qu'il ne voit plus rien.

– À propos de manger les membres de sa famille, est-ce que tu t'es doutée, à l'époque, que nous avions mangé ton Frango ?

Frango, mon poulet apprivoisé, au Brésil, que je conduisais partout avec un ruban.

– Je l'ai bien deviné. Peu après notre départ du Brésil. Je ne sais plus comment. À six ans j'ai compris que mes parents étaient des traîtres et des cannibales.

À son tour, il rit.

– Un dieu quelconque, je ne sais pas lequel, nous a punis et a vengé ton Frango. Nous avons été horriblement malades toute la nuit. Tu as beaucoup de souvenirs du Brésil ?

– Les montgolfières de la Saint-Jean.

– Ah, oui. C'était joli. Et tu dois te rappeler nos promenades jusqu'à la tour de la Radio. Comme tu aimais jouer à être perdue !

Nous marchons un moment en silence. Et puis, relevant la tête, il déclare :

– J'ai eu une bonne vie. Je n'ai à me plaindre de rien. Sinon de ce que ta mère soit morte trop tôt. À part ça, j'ai eu une bonne vie.

André n'est pas quelqu'un qui dit : partie, décédée, disparue. Il dit : morte.

Il tourne la tête vers moi et ajoute :

– Toi aussi, tu as eu une bonne vie.

Indignation, révolte, amertume, m'ont subitement envahie. Je crois bien que le coup d'œil que je lui ai jeté n'était pas tendre. Il faut être égoïste jusqu'à l'inconscience pour attribuer à ma vie l'étiquette «bonne vie». Je sais qu'il pense à sa sœur, férue de malheur jusqu'à ce que mort s'ensuive, alors qu'il la croyait indestructible. Il ne pense pas, bien sûr, au malheur plus ordinaire qui a été le mien, un fils juste assez handicapé pour n'avoir pas, lui, une vie que l'on puisse qualifier de «bonne», et un enfant mort-né.

Mais aussitôt, lumineuse, aveuglante, s'est imposée l'évidence : nous ne sommes pas allés à Auschwitz, je n'ai pas été cachée dans un placard, je n'ai pas vu torturer mes parents, ils n'ont pas vu leur nourrisson jeté aux chiens. Je n'ai jamais été obligée de travailler en usine, et la vie de professeur est assez confortable. Alors, sagement, docilement, l'étiquette «bonne vie» est venue se coller au volume – que je voyais néanmoins comme un paquet assez mal ficelé – intitulé : vie de Sylvie Weil.

Je ne lui dis pas tout ça, bien sûr. Je me contente de lui rappeler la phrase de Solon, qu'il me citait lui-même la veille, que nul ne sait s'il a été heureux avant le jour de sa mort.

Il hoche la tête.

– C'est vrai.

Nous marchons un moment en silence. Devant un érable rouge vif, il s'arrête tout à coup et me fait face. Il me raconte qu'un physicien célèbre, dont j'ai oublié le nom, s'était arrêté ainsi au cours d'une promenade avec sa femme, s'était rapproché d'elle et lui avait mis les mains sur les épaules. Elle avait cru qu'il allait l'embrasser. Il était tombé mort à ses pieds.

– J'aurais voulu mourir comme ça, moi aussi.

Quelques jours plus tard, tandis que nous marchions de nouveau vers la cafétéria de l'Institut où il aimait déjeuner, je me suis rappelé notre conversation sur la «bonne vie». Il m'a semblé que, dans le même ordre d'idées, le moment était venu de remercier André d'avoir, en bon bourgeois, laissé quelque bien à ses filles. Il a haussé les épaules.

— Ce qui arrivera après ma mort m'est complètement égal.

— Peut-être. Mais je voulais te remercier. C'est fait.

Nous avons marché jusqu'à la cafétéria, nous avons pris nos plateaux, nous nous sommes assis tous les deux seuls à une grande table. Au moment où il allait commencer à couper sa viande, lui qui ne parlait jamais de ces choses-là, il a posé ses couverts, a relevé la tête pour me regarder puis, très lentement, comme s'il cherchait ses mots :

— L'argent, ça peut aussi, quelquefois, servir à échapper à Auschwitz.

Droit de visite

À présent, c'est moi qui vais leur rendre visite en prison, à mes quatre Weil. Au moins ils sont ensemble, dans la même cellule, Mime et Biri, Simone et André. C'est une prison haute sécurité, ce qui est bien, d'une certaine façon, puisque c'est pour la protection des prisonniers, et pour que personne ne vienne ni les attaquer ni les enlever. Cependant, le système n'est pas vraiment au point car, si l'on vous fouille à l'entrée pour être sûr que vous n'apportez ni armes ni bombes, en revanche, à la sortie, personne ne se soucie de regarder dans votre sac. C'est sans doute ce qui explique la férocité avec laquelle on surveille les contacts que vous avez avec votre cher prisonnier ou, en l'occurrence, vos chers prisonniers, pendant la visite.

Toute sa vie ma tante a voulu connaître l'intérieur d'une prison. Maintenant elle est servie. Quant à ses parents et son frère, ils sont enfermés à cause d'elle.

La dernière fois que je suis allée les voir, j'ai été houspillée par une surveillante assez brutale : elle trouvait que d'avoir laissé mon grand sac sous une table dans le vestibule ne suffisait pas, et que mon sac à main, contenant mon porte-monnaie, mes lunettes et mon mouchoir, était de trop au parloir, où l'on devait amener les divers membres de ma famille pour que je puisse passer un moment en leur compagnie.

Je me suis dit : normal, c'est le règlement, je ne voudrais

187

pas que d'autres viennent kidnapper des membres de ma famille, et cette personne est préposée à la conservation de mes proches parents qui doivent rester présents et présentables. J'ai tout de même essayé de lui expliquer qu'il s'agissait d'une visite familiale à laquelle j'avais droit, que j'avais toujours pris le plus grand soin de ma famille et que, puisque j'avais signé, voici quelques années, des documents la confiant au très respectable établissement qui avait bien voulu se charger d'elle, je n'allais pas maintenant la rouler en boule, cette pauvre famille Weil (qui écrivait sur du papier très mince et tout à fait apte à être roulé en boule), pour la fourrer dans mon sac. J'ignorais, au moment où je signais la lettre de cachet, que le respectable établissement me traiterait dorénavant comme une criminelle, lorsque je viendrais réconforter un peu mes petits Weil en leur parlant silencieusement une langue familière.

Ce matin-là, j'ai écrit mon nom sur le registre, mais pas ajouté ma signature à l'endroit réservé à cet usage. D'où nouveaux cris.

Je n'ai pas eu le temps de lui signaler, à la zélée fonctionnaire, qu'un certain nombre d'objets et de lettres étaient, comme moi, en visite, et avaient le droit de retourner chez moi si ça leur chantait et si cela me chantait, à moi, de les reprendre. Ni de lui expliquer que c'est déjà assez dur d'être obligée d'aller rendre visite en prison à des lettres qui parlent de moi, ainsi qu'à toutes sortes d'objets qui ont peuplé mon enfance et ma jeunesse, sans, en plus, me faire crier après.

L'aimable harpie m'a menacée d'appeler le directeur. En fin de compte elle ne l'a pas fait, ce qui m'a déçue parce que j'aurais bien aimé rencontrer le directeur de l'établissement où plusieurs membres de ma famille sont installés pour une durée illimitée.

On me les apporte dans des boîtes en bois et des cartons de tailles variées. Un peu émue, je soulève une ou deux de ces lettres que je parcourais, gamine, accroupie devant le placard aux manuscrits, ou bien que j'emportais, avec mille précautions, pour les lire dans mon lit, rue Auguste-Comte, tôt le matin, au moment où le soleil levant inondait de rouge le mur troué par les balles de la Libération. Ces lettres à présent portent des numéros écrits au crayon par une main étrangère. Numérotées, les lettres qui parlent de moi, et aussi le sort que m'a jeté Simone, et le «Salut à Sylvie et aux sept démons qui habitent en elle depuis ma visite», phrase qui jadis me rendait vraiment perplexe, car je cherchais en moi ces fameux démons, j'attendais qu'ils se manifestent, qu'ils fassent pour moi quelque chose d'extraordinaire. Plaisanteries, confidences, taquineries, espoir, tristesse, tendresses et baisers, tout est numéroté. Ma famille est numérotée. Mais le moment n'est pas à l'émotion, car une gardienne se précipite, attention, ne les froissez pas !

J'aurais pu passer mon enfance, mon adolescence et encore plusieurs décennies d'âge adulte, non seulement à froisser toutes ces lettres, mais à les plier pour en faire des petits bateaux, à les mordre, à leur baver dessus. Je ne l'ai pas fait. Pourquoi le ferais-je maintenant ?

Je sais que l'on se méfie de moi parce que je les caresse trop affectueusement des yeux, et aussi du doigt, ces feuillets couverts d'écritures si familières, d'expressions qui résonnent à mes oreilles, de rires et de soupirs qui ont ponctué mon enfance. Et puis je leur souris. Je souris à mes grands-parents. Je soulève une page, je la pose sur ma paume, elle est si légère, si gaie, tellement remplie d'espoir et de vie.

Mon cher petit chou, écrit ma grand-mère à Simone qui voyage en Italie, quelle joie que ta lettre de nouveau. Rien, rien, ne pourrait me faire plus de plaisir que ta rencontre avec un pays fait pour toi et l'harmonie qui en résulte et qui chante dans tes lettres.

Moi aussi, plus tard, j'étais son cher petit chou.

Sur une autre page je vois si bien Biri, mon grand-père, que ne quitte jamais son solide et terre à terre bon sens de médecin :

> Mais que les musées, églises etc., ne te fassent pas oublier que l'homme a un estomac à qui il faut des aliments pour que le corps puisse résister aux fatigues.

Les deux derniers cartons ouverts révèlent chacun son pauvre petit fouillis de cartes postales fanées, de carnets, de cahiers avec des dessins. Une grande pochette de toile cousue par Mime pour y mettre les carnets de sa fille. Le porte-monnaie de Simone. Le carnet d'adresses de Biri. C'est émouvant, n'est-ce pas, commente l'une des gardiennes, avec un sourire qui se veut ému et ne réussit qu'à être gourmand. Elle palpe la pochette de toile et veut me prendre à témoin de son illégitime attendrissement. Je ferme les oreilles. Je suis sourde.

Au fond d'un carton, un porte-étiquette en cuir, celui de Simone : sur le papier, soigneusement inscrit, de l'écriture de ma grand-mère : miss Simone Weil, Fighting French Highquarters, 4 Carlton Gardens London SW1. Le mot « Highquarters » est une faute d'anglais, un amalgame de « Headquarters » et de « High Command ». Selma a, je pense, les idées brouillées, et surtout la mort dans l'âme. Mais elle a toujours aidé Simone, et maintenant elle l'aide encore à préparer ce départ qui la désespère. Ce porte-étiquette m'a causé un petit choc. Il est identique à celui que j'ai vu, année après année, accroché aux différentes valises d'André, car de valise il changeait, en choisissant de plus légères au fur et à mesure qu'il vieillissait. J'entends soudain le ton presque sentencieux avec lequel il nous disait : « Une valise se fait comme on ferait un puzzle. Tout doit parfaitement s'emboîter. »

Il me plaît d'imaginer que c'est Biri qui, à Marseille, leur a offert à chacun un porte-étiquette, oui, Bernard, le bon père de famille, en cette époque de guerre, qui veut tout de même offrir quelque chose d'utile à ses enfants. Tenez, c'est pratique, ces trucs-là, et puis c'est solide, ça durera. Toujours les Weil ont aimé la bonne qualité, le cuir véritable, les chaussures laides mais inusables, aux semelles épaisses.

Le porte-étiquette d'André se trouve à présent dans le tiroir de mon bureau. Il est complètement usé, racorni, le cuir terni.

Tandis que Simone a bien peu profité du sien. Il est encore tout neuf. Un petit aller et retour, France, Amérique, Angleterre. Et maintenant au fond du carton.

J'ai obtenu une permission de sortie pour le carnet d'adresses de mon grand-père. Obtenu n'est pas tout à fait le mot. En vérité, j'ai âprement négocié cette permission, et même j'ai laissé en otage le missel grégorien de la sainte. Le jour où, du vivant de mon père, on était venu rue Auguste-Comte vider le placard aux manuscrits, ainsi qu'une armoire remplie de livres, de cahiers et carnets, les préposés à ce genre de rafle avaient oublié le missel.

Le carnet de Biri est très bien chez moi, beaucoup mieux que dans le carton où il croupissait depuis une quinzaine d'années. Ce carnet avait sa place à côté du téléphone, encore durant mon enfance, alors que déjà tant de personnes qu'il contenait étaient mortes et avaient été soigneusement rayées. J'y retrouve toute la vie du médecin, à une époque où un médecin se déplaçait : adresses des malades, moyens de transport.

Il y a aussi des tas d'adresses utiles, plombiers, téléphonistes, masseurs et masseuses, un professeur de culture physique. Il y a un Kergoat, rue de Vaugirard, suivi de la mention : pommes de terre. Payait-il les visites du docteur en pommes de terre ?

Certaines pages sont remplies de cousins Haguenauer, Vormus, Weil et Weill. La page des B, que devait occuper la famille Bauman, a été arrachée. Par qui? Pourquoi? Je me suis souvent demandé comment Biri gagnait sa vie, étant donné le temps que devaient lui prendre les maladies de son innombrable famille qu'il soignait gratis, naturellement. Dans une lettre à André tout jeune homme, Biri, taquin, écrit:

J'ai travaillé un peu ce mois-ci mais les notes de fin d'année ne rentrent pas! Peut-être faudra-t-il tout de même vendre tes papiers pour nous secourir!

Simple plaisanterie? Je l'ignore.

André et Simone n'étaient pas peu fiers de leur père. Lorsque André jouait dans les jardins du Luxembourg, s'il entendait un camarade de jeux tousser, ou même seulement éternuer, il lui recommandait immédiatement le docteur Weil, récitant à tue-tête le numéro de téléphone et les heures de consultation: «Lundi, mercredi, vendredi, de 1 h 30 à 3 heures!» Étudiants, adultes, toujours Simone et André envoyaient leurs amis chez leur père, n'ayant confiance qu'en lui.

J'imagine mon grand-père marchant sans hâte, de son pas régulier d'Alsacien qui n'aime pas trop se presser, «descendre à Bécon-les-Bruyères, prendre à gauche en sortant de la gare», petit bonhomme modeste et généralement d'excellente humeur, «prendre le S jusqu'à la porte Champerret», apportant des friandises, parfois un livre aux jeunes cousins dont il soignait la rougeole ou les oreillons, «Asnières, descendre côté machine», se lavant les mains dès l'arrivée, puis s'asseyant sur le lit du patient. S'il s'agissait d'un enfant, il fixait sur lui ses yeux bruns et commençait par souffler un grand «Hou!». Puis, collant son oreille au ventre de l'enfant, il l'auscultait, et le petit malade riait à cause de la moustache qui le piquait.

Moi aussi, je sens encore sur mon ventre la moustache de Biri. Et j'ai décidé de prolonger indéfiniment la permission du carnet. Bernard a bien mérité de séjourner quelque temps chez sa petite-fille.

Révélation

Une vingtaine d'années après ma pneumonie et l'épisode du tunnel, ma tante m'est à nouveau apparue. Elle avait semble-t-il pris des leçons de politesse auprès de l'Éternel qui toujours appelle deux fois, par courtoisie et aussi par amour, ainsi que nous l'explique Rachi dans son commentaire de la Bible. Elle m'a donc appelée deux fois, du nom qu'elle me donnait avant ma naissance.

– Patapon, Patapon, écoute-moi !

Cette fois-ci, je percevais dans sa voix un peu sèche une immense tendresse.

– Écoute-moi bien, disait-elle, ouvre tes oreilles, ô ma pseudo-nièce au sourire ensoleillé. Je t'avais pourtant jeté un sort, pendant que tu buvais goulûment ton biberon, et je pensais qu'avec l'âge te viendrait aussi un peu plus de cervelle, mais non, tu n'as rien compris. Je ne peux pourtant pas te laisser vivre ce qui te reste de vie sans t'apprendre qui tu es ! Tu ne l'avais donc pas deviné ? Ils se sont bien débrouillés pour te le cacher, mais enfin ton nom qui ressemble au mien, et puis la tête que tu as ! Tu ne t'es pas demandé pourquoi cet amour si possessif de tes grands-parents qui désiraient tant te garder pour eux ? Les dates de ce séjour à New York, que j'ai bien été forcée de faire, ne t'ont pas paru suspectes ? Tu crois qu'autrement j'aurais accepté de quitter la France ? Mais il n'était pas question de mettre au monde un petit Weil dans une France occupée ! Tu as bien lu mes lettres où je les supplie sans cesse, tous, de me parler de toi ! Tu n'as pas vu, dans le désir que j'avais de te voir baptisée, et qui t'a toujours tant fâchée, tu n'as pas vu un désir tout naturel de te protéger, d'assurer ton bonheur ? Je voulais que tu aies tout !

« Et puis il y avait Eveline. J'ai bien cru qu'elle finirait par vendre la mèche : tu étais si visiblement la moins aimée de ses trois enfants, au point qu'une femme de ménage lui demanda un jour : "Mais qu'avez-vous donc contre Sylvie, à l'école elle a toujours de bonnes notes !" Tu avais dix ans. Tu vois que je sais tout ce qui te concerne. Et plus tard, tes camarades de classe qui, vous voyant ensemble, étaient persuadées qu'il s'agissait de ta belle-mère, non de ta mère !

« Te rappelles-tu le ton qu'elle avait lorsque parfois elle s'exclamait : "Oh ! Tu viens de faire un geste qu'aurait fait Simone !". Ce n'était pas un ton heureux ou attendri. C'était plutôt comme si elle constatait quelque chose de désolant.

« Je voulais pour toi le bonheur et, oui, tu le sais, le mariage. Tu t'es amusée de ce que je dis dans une lettre à André : "J'espère la revoir avant son mariage". Je souhaitais pour toi le bonheur sous sa forme la plus bourgeoise. Songe donc quels étaient les modèles que j'avais eus sous les yeux ! En tout cas, je ne te voulais en rien semblable à moi !

« Tu te demandes évidemment qui a bien pu être ton père ? Un syndicaliste, un grand cœur, un homme courageux. Il avait tant envie de moi, et moi, une fois, une fois… Tu n'as donc rien deviné ? Incroyable.

Elle a disparu, et moi je me suis mise à rire. Alors, la vierge rouge, pas si vierge que ça ? Elle aurait trouvé moyen de me fabriquer ? Où ? Pourquoi ? Par curiosité ? Pour connaître jusqu'au fond la condition humaine, elle qui s'était une fois rendue dans un bordel ? Pour faire plaisir à un résistant qui devait quitter Marseille le lendemain, et périrait peut-être la semaine suivante aux mains de l'occupant allemand ? Pour s'anéantir enfin dans un moment de jouissance bien mérité, entre deux réunions, entre deux cigarettes? Un moment de passion? J'ai toujours soupçonné, à regarder les lèvres de Simone sur ses photos d'adolescente, que son ascétisme, son célèbre ascétisme n'a pas dû lui venir facilement.

Je riais, oui, bouleversée de bonheur. Non d'être sa fille car, au fond, être la fille d'André ou celle de Simone, cela revenait au même, mais parce que m'était enfin révélé, avec une clarté fulgurante, quelle avait été ma véritable place dans la constellation familiale.

Retour aux sources

Lorsque mon père est mort, mon éditeur, Raphaël Sorin, m'écrivit : «Vous avez perdu votre père, il vous reste Rachi.» Il ne croyait pas si bien dire.

Depuis plusieurs années, je m'étais mise à étudier sérieusement l'hébreu, à plonger dans le judaïsme de nos ancêtres, ce judaïsme que Simone avait si obstinément refusé de connaître, et surtout à me passionner pour Shlomo Yitzhaki, dit Rachi. Les juifs disent que Rachi n'est jamais absent de la salle de classe : il était devenu mon compagnon.

Les jours où je n'enseignais pas, j'allais voir André à Princeton. Dès mon arrivée, il me demandait :

– Comment va Rachi ?

Il s'intéressait à mes progrès en hébreu. Je me suis procuré une *Haggadah* (le rituel du repas de la Pâque) pour malvoyants, afin de lui expliquer les rudiments de la langue. Je lui parlais du commentaire biblique de Shlomo Yitzhaki. Et du roman que j'écrivais, *Les Vendanges de Rachi*.

André et mon héros vieillissaient en même temps. Pour décrire le vieux Salomon de Troyes, je regardais mon père.

Si ses yeux sont encore, par moments, gais et affectueux, ils ont cependant perdu leur belle couleur brune et chaude. Ils ne se fixent plus sur les personnes et sur les choses avec cette acuité naguère si déconcertante pour ses interlocuteurs, dans les discussions. Il semble à Tam que son grand-père est enfermé quelque part derrière ce regard devenu grisâtre et vague. Ses mains aussi ont changé : elles sont froides et sèches, et décolorées. Les doigts sont comme transparents [...]

Même vers la fin, lorsqu'un sujet l'intéressait suffisamment, André retrouvait toute son ardeur à la discussion. Rachi aussi :

La voix de Salomon est ferme et chaude [...] Il a retrouvé cette façon, qui a toujours été la sienne, de gesticuler des deux mains pour scander ses paroles.

Les dernières années de sa vie, André s'était mis à employer des mots yiddish : « Ton mari le psychiatre est vraiment cinglé, complètement *meshugah* », me disait-il parfois. Des mots faisaient surface, les noms des fêtes, Yom Kippour, Rosh ha-Shana qu'il prononçait *Rosheshona* avec un joli accent ashkénaze !

Je le taquinais :

— D'où ça vient, tout ça ?

— Des grands-mères, bien sûr.

André et Simone ont soigneusement entretenu le petit roman familial consistant à se faire croire à eux-mêmes, puis à faire croire aux autres, qu'enfants ils ignoraient qu'ils étaient juifs. Simone aurait appris qu'elle était juive à onze ans ! Cependant, elle était déjà traumatisée par la grand-mère qui ne mangeait pas de crevettes ! Quand Simone avait onze ans, André en avait quatorze. Il s'appelait Abraham, il était circoncis, il voyait de temps à autre ses cousins qui, tant du côté Weil que du côté Reinherz, savaient très bien qu'ils étaient juifs. La grand-mère Eugénie lisait son livre de prières (en hébreu, évidemment), la grand-mère Hermine aimait montrer aux enfants le recueil de poèmes hébraïques écrits par son mari. Selma parsemait sa correspondance de mots ou de tournures yiddish (il est vrai que l'on pouvait à la rigueur s'imaginer que c'était de l'allemand). Les clients de Bernard étaient pour la vaste majorité des juifs, André me l'avait dit plus d'une fois, les juifs allaient chez un médecin juif, les chrétiens allaient chez un médecin chrétien, les choses se passaient ainsi à l'époque, c'était normal.

— Et tu voudrais me faire croire que ta sœur et toi, vous étiez bêtes à ce point ? Ou plutôt que toutes les informations pénétraient à merveille dans vos petits cerveaux si intelligents, sauf justement celle-là ?

André a souri.

Il s'amusait à l'idée que, bien après sa mort, un jeune universitaire désireux d'écrire une biographie, et faisant ses recherches dans les archives de la bibliothèque de l'Institut, à Princeton, arriverait très vite à la conclusion qu'André Weil, vers la fin de sa vie, était retourné au judaïsme.

Pourquoi le jeune biographe arriverait-il à cette conclusion ? J'ai depuis l'enfance parfaitement imité la signature de mon père. Je pouvais donc, en son absence, signer mes bulletins scolaires ainsi que les lettres m'autorisant à faire une chose ou une autre. À la bibliothèque de l'Institut, cela me permettait de sortir des quantités de livres en son nom, sans le déranger. Ainsi, le jeune biographe de mon père trouvera qu'André Weil a passé ses dernières années à lire non seulement plusieurs traités du Talmud, mais aussi des études portant sur le Talmud, les légendes des Juifs de Ginzberg, l'histoire des juifs de Graetz, et un certain nombre de livres sur le judaïsme médiéval.

Nous parlions de cela un soir, en riant, puis André me dit très sérieusement :

— Tu fais ce que ma sœur aurait fini par faire, car elle était honnête, dans l'ensemble.

Les yeux du miroir

C'est moi qui ai vidé l'appartement de la rue Auguste-Comte, où la famille Weil avait emménagé en 1929. Et où, brisée par la mort de Simone, elle revint s'installer après la guerre, pour ne plus cesser de s'entre-déchirer, dans le deuil amer et violent qui assombrit toute mon enfance. Lieu où je séjournerai pourtant, en rêve, jusqu'à la fin de mes jours.

En vérité, l'appartement que je vidais avait déjà été vidé une fois. Les meubles de mes parents et de mes grands-parents, et même l'une des baignoires, étaient partis sous l'Occupation, biens juifs confisqués par les Allemands, pour aller sans doute pourrir dans des champs, à la frontière. Il n'était resté que le miroir du salon et son cadre, trop grands et trop lourds pour être détachés et emportés, fût-ce par les très efficaces Allemands.

Le jour du départ définitif, tandis que les caisses s'en allaient en procession, je ne cessais d'imaginer l'arrivée du fameux quatuor Weil : le bon docteur, son intelligente et très énergique épouse, et leurs deux merveilles, leurs deux enfants géniaux, André et Simone, mon père et ma tante, âgés l'un de vingt-trois ans, l'autre de vingt, l'un déjà agrégé depuis plusieurs années, l'autre normalienne.

Il y avait de cela soixante-dix ans exactement.

Je les imaginais, je ne sais pas pourquoi, faisant leur entrée tous les quatre à la fois, en courant, comme s'ils avaient attendu un signal, debout sur le palier, derrière la grande porte de bois. Comme les comédiens attendent dans la coulisse leur tour d'entrer en scène. Je les imaginais tous les quatre, riant de plaisir et s'exclamant devant la vue magnifique. Simone et André faisaient des glissades sur le parquet flambant neuf. Oui, bien sûr, ils étaient un peu grands pour ça. N'empêche que c'est ainsi que je les imaginais. Libre à eux, après ces quelques glissades effectuées pour me faire plaisir, d'aller se pencher sur leurs bouquins. De toute façon, il n'y avait encore ni tables, ni chaises, ni le grand bureau si moderne d'André, fabriqué spécialement pour lui, et dont il me parlerait plus tard avec une nostalgie amusée. Je les voyais, le frère et la sœur, beaux et triomphants, avec leurs cheveux noirs, leurs yeux identiques, des yeux de jumeaux complices, derrière les lunettes rondes, elles aussi presque identiques, leurs lèvres un peu épaisses, et leurs voix moqueuses dont les pièces vides de meubles me renvoyaient maintenant l'écho.

Peut-être que, pour une fois, Simone n'aurait pas détourné les yeux du miroir, elle qui se refusait à voir son image. (Ce qui la menait à sortir avec son pull enfilé à l'envers et des taches d'encre sur le visage, toutes choses qui font partie de sa légende.) Peut-être que, ce jour-là, son regard aurait tout de même glissé sur l'immense miroir, pour y apercevoir une mince silhouette, la sienne, effleurant le parquet neuf ? Quant à André qui, jeune homme, aimait faire l'élégant, voyez les photos, beaux costumes, gilets bien boutonnés, et les cheveux peignés très soigneusement avec la raie au milieu, il n'aurait pas manqué d'y jeter un coup d'œil.

Le miroir avait été fixé au mur la veille. Il remplissait tout l'espace entre les deux fenêtres du salon, dans son épais cadre de cuivre vaguement baroque, orné de feuillages et de ramages, suivant la mode de l'époque, et s'harmonisant bien avec les murs tendus d'un tissu bleu à dessins géométriques.

Tout avait été fait selon les plans de ma grand-mère, elle

avait tout rêvé, organisé, prévu, tout dessiné avec l'architecte. L'immeuble n'était pas terminé, il n'y avait pas encore d'électricité, les Weil étaient bons premiers à s'installer dans leur nouveau perchoir. Et ils riaient. Ils étaient vivants et ils riaient. Mon grand-père se frottait les mains, en Alsacien paisible et content de la vie, qui ne demande qu'à voir sa famille contente, elle aussi.

Cet après-midi-là, debout au milieu d'une pièce qui résonnait d'échos, comme au jour de leur arrivée, je ne réussissais pas à m'enlever de la tête cette idée que d'un instant à l'autre la porte allait s'ouvrir, et que les quatre Weil entreraient, suivis des déménageurs, suant et soufflant : six étages à monter, et l'ascenseur pas encore installé ! Ma grand-mère donnerait les ordres, ici le piano, le superbe Bechstein, le bureau Empire dans le cabinet du docteur, le bureau moderne en haut, au septième étage. Ici le buffet, et là, contre le mur, le joli petit secrétaire peint, façon XVIIIe siècle, fierté de mon arrière-grand-mère, Hermine Solomonovna, persuadée que ce «bijou» ferait un jour la fortune de ses descendants. (Je savais depuis peu que le fameux «bijou», sauvé des griffes de l'occupant allemand par une femme de ménage, et revenu rue Auguste-Comte, n'avait pas grande valeur.)

Le Bechstein à peine posé, ma grand-mère jouerait quelque chose, puis s'exclamerait qu'il fallait de toute urgence appeler l'accordeur. Mon grand-père lui ferait remarquer qu'il n'y avait pas encore le téléphone.

Et pendant ce temps, moi, leur ingrate petite-fille, je travaillais contre eux, vidant les pièces au fur et à mesure que ma grand-mère les meublait, expédiant le «bijou» chez ma sœur, aux États-Unis, autorisant enfin l'enlèvement de l'immense miroir et de son cadre baroque. Arrachés du mur, détachés l'un de l'autre, ils ont quitté l'appartement les derniers, transportés sur les épaules des associés de M. Tambourini, brocanteur.

Les pétales pâles

Cette fragilité presque infinie [...], écrivait Simone l'année de ma naissance. Nous pouvons y penser à l'occasion de toutes les joies. On ne le devrait pas si cette pensée était de nature à troubler ou à diminuer la joie. Mais il n'en est pas ainsi. La joie en devient seulement d'une douceur plus pénétrante et plus poignante, comme la fragilité des fleurs de cerisiers en accroît la beauté.

Il pleut sur Tokyo, il pleut des pétales, des pétales rose pâle. Dans les rues étroites et un peu misérables de Tsukidji, le quartier du port, il pleut des pétales. Sur les cadavres géants des thons, il pleut des pétales. Et aussi sur les élégantes en kimono qui trottinent à pas menus dans les beaux quartiers de Ginza.

Sur les vestes sombres des fourmis affairées à qui, imbécile analphabète, armée d'une douzaine de mots, je demande mon chemin, il pleut des pétales pâles.

L'imbécile analphabète marche à grandes foulées dans les rues de Tokyo et rit toute seule. Rit de se trouver plongée dans la démesure. Elle rit sur les escaliers roulants qui l'emportent vers le ciel, elle rit de contempler, du haut des compliqués réseaux de trottoirs aériens, les larges avenues bordées de façades vitrées, verticales, multicolores, aveuglantes sous le soleil. Même s'il lui arrive de s'affoler, oui, de s'affoler d'être une naine, une fourmi parmi les fourmis, et une fourmi imbécile et analphabète, même si elle doit se retenir pour ne pas tomber dans les bras d'un couple australien avec qui elle échange trois vraies phrases complètes dans une langue familière, elle rit.

Quand des amis japonais lui ont annoncé, avant son voyage, qu'elle verrait les cerisiers, elle a répondu poliment : « Oui, les cerisiers, ce sera joli, je me réjouis. »

Elle n'avait rien compris. Elle ne savait pas qu'elle marcherait des jours entiers sous une pluie de pétales, qu'elle verrait des fleuves roses, qu'elle se joindrait, de nuit, à de longues et lentes processions, rivières sombres parallèles aux rivières pâles de pétales, et tiendrait bien haut, comme les autres, son appareil photo pour saisir et posséder, elle aussi, un minuscule morceau de la tendre et resplendissante masse rose.

Elle rit de plaisir sous les giboulées de pétales tourbillonnant même dans des rues où il n'y a aucun arbre.

Elle rit de surprise, un soir de pleine lune, dans un quartier triste et terne, au coin d'une fabrique, devant la pâleur triomphante d'un maigre cerisier sous lequel mangent, boivent et chantent des hommes en casquette et des femmes aux visages ravagés.

Elle rit en ramassant à pleines mains des pétales, comme de la belle neige poudreuse un peu rose.

Elle n'avait pas prévu qu'un jour se poserait, sur la manche de son imperméable noir, un fragile et presque transparent pétale, tandis qu'elle, immobile, retiendrait son souffle pour que le pétale ne s'envole pas, elle n'avait pas prévu que lui apparaîtrait soudain sa mère allongée, fragile et gaie, allongée à même la terre sous un cerisier en fleur, disant qu'elle aimerait être happée par ce beau nuage rose, s'envoler, oui, se noyer dans la douceur pâle du cerisier. Ses yeux bleus grands ouverts, émerveillés comme ceux d'une poupée, levés vers la masse de pétales pâles, quelques jours avant qu'on l'enterre, pauvre fleur morte, sous un autre cerisier.

Elle n'avait pas prévu qu'à partir de ce moment, de ce moment du pétale pâle sur sa manche, elle rirait encore mais serait sujette à des attaques inexplicables, souffle coupé, cœur serré, aux moments les plus inattendus, dans une boutique de souvenirs, par exemple, devant des rangées de *kokeshis*, poupées sans bras ni jambes, à la tête ronde et branlante, dont sa mère raffolait, peut-être à cause de leur simplicité et de leur visible fragilité. Ou encore, bêtement, au passage d'un taxi, parce que son père, revenu d'un long séjour au Japon, parlait toujours de «prendre un takoushi».

Sous la pluie de pétales pâles, elle marche toujours, se perd, se retrouve, s'excuse, demande pardon, fait des courbettes et rit de toutes ces courbettes qui ponctuent la vie dans la fourmilière. Elle secoue ses cheveux où se sont posés des pétales. Mais elle a perdu son innocence, sa belle assurance, sa lisse écorce de touriste fatiguée mais tranquille. Désormais atteinte, blessée, elle se sent aussi branlante et fragile que les *kokeshis*. Fragile comme sa mère happée par un nuage de pétales.

À Yokohama, le vent souffle. Une tempête de pétales pâles s'abat sur l'immense place de l'un des plus grands centres commerciaux de la planète, le tout nouveau Minato Mirail 21. Cela n'empêche pas une très petite fille à chapeau rouge, une petite fille du XXIe siècle, encore mal assurée sur ses jambes, de poursuivre des pigeons, au pied de la grande roue la plus haute du monde.

Ainsi à New York, il y a longtemps, une petite fille courait après les pigeons, surveillée par des grands-parents réfugiés, endeuillés, humiliés dans un monde qui n'avait rien à voir avec le leur.

Aujourd'hui, Bernard ira acheter un imperméable pour notre princesse, car il pleut souvent, écrivait ma grand-mère.

Sous l'énorme et vrombissante roue de Minato Mirail, fourmi imbécile et analphabète, au bord des larmes, j'imagine tout à coup mon grand-père errant dans un grand magasin où ne se parlait aucune langue connue de lui, à la recherche d'un imperméable. Afin que nulle averse, nul crachin n'empêche sa petite princesse de poursuivre les pigeons. Est-il arrivé à mon grand-père de rencontrer par hasard, dans son exil sur le Nouveau Continent, un autre vieux juif alsacien avec qui échanger, en se frottant les mains, une ou deux anciennes et bêtes plaisanteries ? Avec qui se croire, un instant, dans une rue tranquille de Wolfisheim ?

La petite à chapeau rouge passe devant moi. Je lui souris. Elle me fait une courbette. Moi aussi, je lui fais une courbette. Elle rit et s'enfuit. Dans quelques semaines, loin d'ici, il pleuvra des pétales roses sur la tombe de mes parents.

Un homme extrêmement sympathique, que j'ai rencontré alors qu'il travaillait sur un projet Simone Weil, me déclara, vers la fin de l'une de nos conversations :

– Avec vous, au moins, j'ai de la chance.

Je souriais déjà, attentive, l'oreille tendue, car enfin les compliments sont toujours agréables à entendre. J'attendais donc un compliment, oui, sur ma qualité d'écoute, mon sens de l'humour, mes idées judicieuses, ou mon charme personnel. Le compliment se présenta sous une forme inattendue :

– J'aurais pu tomber sur une tarée.

Ce fut dit le plus gentiment du monde, sans ironie et sans affectation. Il semblait penser sincèrement l'avoir échappé belle. J'avoue que je suis restée, une seconde, interloquée.

– Tarée ?

– Eh bien, oui, fin de race, quoi. D'abord les grands-parents sinon géniaux du moins exceptionnels, puisqu'ils ont mis au monde et élevé deux génies, Simone et André. Ensuite les deux génies. Après ça, la troisième génération, c'était moins évident.

– En somme André et Simone auraient épuisé les stocks de matière grise alloués à la famille Weil ?

– Oui. C'est à peu près ça.

– Statistiquement, donc, je devrais être tarée.

Il souriait. Hochait la tête.

J'ai ri comme une folle. (Simone, mes grands-parents, mon père, qui avaient en commun tout un vocabulaire et aussi pas mal d'expressions que je retrouve dans les lettres familiales aussi bien que dans les écrits de ma tante, diraient : je me suis tordue de rire.)

Cette conversation me revient à l'esprit, de temps en temps. On n'imagine pas comme je suis heureuse et fière de ne pas être complètement tarée.

TABLE

*l*ibretto

Dernières parutions

Cet ouvrage
a été achevé d'imprimer
en mars 2014
par l'imprimerie Normandie Roto Impression s.a.s.
61250 Lonrai
N° d'imprimeur : 14-00740

Imprimé en France

Dépôt légal : janvier 2013